Michael Noss

Teamarbeit

Effektiv und gerne zusammen arbeiten

ONCKEN VERLAG WUPPERTAL UND KASSEL

GemeindePocketGuide

Herausgegeben von Michael Noss

Mit Karikaturen von Thees Carstens

Umschlag: Ralf Krauß, Remsek-Aldingen

Satz: Factory · B. Lieverkus, Remscheid

Druck: Druckhaus Harms, Groß Oesingen

ISBN 3-7893-7431-8

Bestell-Nr. 627 431

Inhaltsverzeichnis

1. Warum Teamarbeit?

Mit dem Wort »Teamarbeit« verbinden Menschen in der Gemeinde recht Unterschiedliches. Für die einen ist es ein Schreckgespenst der 70er Jahre, für andere Ausdruck von Hoffnung auf eine zukunftsorientierte Gestaltung von Gemeindearbeit. Manche verbinden mit dem Wort »Team« den Gedanken, eine Aufgabe auf mehrere Schultern zu verteilen, um nicht alles selber machen zu müssen. Wieder andere denken an gemeinsame Ziele und gabenspezifische Zusammenarbeit. Je nachdem, welche Erfahrungen man mit Teamarbeit gemacht hat, steht man einem Teamgedanken in der Gemeinde eher aufgeschlossen oder ablehnend gegenüber.

Das Reden vom Leib Christi mit seinen vielfältigen Funktionen in Römer 12 und 1. Korinther 12 unterstützt einen positiven Ansatz für das Zusammenwirken unterschiedlicher Menschen im Team.

Nun gibt es allerdings wesentliche Unterschiede zum Teamverständnis der 70er Jahre und dem Anspruch von Teambildung der heutigen Zeit. Auch wenn Bücher aus dieser Zeit anderes beschreiben (z.B. »Arbeiten im Team« von Udo Perle, 1969), ging es bei den meisten Teams doch eher darum, Autoritäten zu hinterfragen und alte Herrschaftssysteme zu brechen. Ein Team war eine Gegenwelt aus Gleichen unter Gleichen. Diese Gegenwelt stellte sich gegen die hierarchischen Strukturen der Vergangenheit. Seit etlichen Jahren ist aber nun festzustellen, dass sich der Teamgedanke neu bildet. Dabei geht es aber nicht um eine Wiederbelebung der alten Vorstellungen von Teams aus den 70ern.

Auch wenn es in der Gemeinde immer Mitarbeiterteams gab und sicher auch in Zukunft geben wird, ist die Wirtschaft an dieser Stelle wieder einmal sehr viel konsequenter. Hier ist und war man aus wirtschaftlichen bzw. finanziellen Zwangslagen heraus schneller bereit, sich einzugestehen, dass ehedem funktionsfähige Strukturen und Modelle nicht mehr tragen. Was ein Team ist, was es kann und soll, wie Teams funktionieren und was es bei einer guten Teamarbeit zu beachten gilt, wird genau durchdacht, erprobt und umgesetzt. Dabei bildet z.B. die Frage nach Gaben und Begabungen nicht nur in der Wirtschaft, sondern auch in Kirchengemeinden eine wichtige Grundlage für Zusammenarbeit im Team. Das Reden vom Leib Christi mit seinen vielfältigen Funktionen in Römer 12 und 1. Korinther 12 unterstützt einen positiven Ansatz für das Zusammenwirken unterschiedlicher Menschen im Team. Leider geschieht aber Arbeiten im Team in der Gemeinde eher zufällig, obwohl die Gemeinde von ihrem Selbstverständnis her eigentlich wesentlich besser in der Lage sein sollte, Teamarbeit bewusst zu fördern, als das in den Unternehmen geschieht.

Im Bereich der Wirtschaft hinterfragt das Arbeiten im Team sehr stark hierarchische Strukturen und Abläufe. Teamkonzepte sind nicht unumstritten, weil sie doch sehr tief in die Führungs- und Arbeitsorganisation eingreifen. Trotzdem machen sich viele Firmen auf den Weg, Teamarbeit einzuführen. Große Umstrukturierungen in den Unternehmen durchziehen die 90er Jahre des letzten Jahrhunderts. Es gibt viele gelungene, aber auch misslungene Versuche mit Teamarbeit. Ungeachtet negativer Erfahrungen geht es weiter, da die Chancen, die man in der Teambildung sieht, immer noch größer sind als die Schwierigkeiten, die eine Umstrukturierung zwangsläufig mit sich bringt.

Teamarbeit in der Gemeinde schließt auch die mit ein, die nur wenig tun können oder einfach auch nur da sein wollen, ohne etwas zu tun.

Menschen in der Gemeinde können viel Gutes aus den Überlegungen in der Wirtschaft übernehmen und nutzbar machen. Gleichzeitig ist die Gemeinde aber auch dazu angelegt, modellhafte eigene Schritte zu gehen, denn hier hat jeder die Möglichkeit zur Mitarbeit, wenn er nur will. Die Zusammenarbeit mit anderen birgt nicht nur größere Chancen, sondern ist vom Grundsatz her für die Gemeinde entscheidend, denn nur so funktioniert der Organismus wirklich. Teamarbeit in der Gemeinde schließt auch die mit ein, die nur wenig tun können oder einfach auch nur da sein wollen, ohne etwas zu tun. Ohne Übertreibung kann man sagen, dass Teamarbeit wesensmäßig zur Gemeinde dazugehört. Dabei sind Arbeitskreise, Gruppen, Teams in der Gemeinde von Hintergrund und Ansatz her weiter als jedes Team in der Wirtschaft. Der Grund ist in Christus gelegt. Er ist das Haupt. Der Auftrag und das große Ziel sind klar definiert. Teams in der Gemeinde müssen nicht unter dem großen Leistungszwang wie in anderen Organisationen stehen. Es geht darum, die gute Botschaft von Jesus Christus den Menschen zu sagen und von ihm zu lernen. Trotzdem können Mitarbeiter in der Gemeinde, damit sie ihre Aufgaben gut erfüllen können, sich das zunutze machen, was andere über Teamarbeit erkannt, erprobt und umgesetzt haben. Was die Teammitarbeiterinnen und -mitarbeiter in der Gemeinde beachten müssen, sind die **Gestaltung, Struktur und primäre Aufgabenstellung** eines Teams in der Umsetzung des Auftrags.

2. Was ist Teamarbeit?

Viele haben schon die Erfahrung gemacht, dass die Arbeit in einer Gruppe, einem Arbeitskreis, einer Gemeindeleitung oder einem Mitarbeiterkreis recht mühselig und wenig fruchtbar sein kann. Oft liegt das am Zustandekommen einer Gruppe. Gremien werden gewählt und nicht unbedingt aufgaben-, gaben- und zielorientiert zusammengestellt. Immer wieder geschieht es, gerade im Bereich ehrenamtlicher Arbeit, dass solche Gruppen sich aus Menschen zusammensetzen, die über einen guten Willen, aber wenig Kompetenz verfügen. Oft klappt die gruppeninterne Kommunikation nicht oder geschieht nur sehr mangelhaft. Selten sind klare Aufgaben formuliert und Ziele definiert. Man macht so weiter wie immer und wundert sich, dass keine greifbaren Ergebnisse sichtbar werden. Vielleicht liegt ja auch hier ein Grund für die Tatsache, dass viele Gremien und Arbeitskreise immer mehr Schwierigkeiten haben, Menschen zu finden, die bereit sind, in einer solchen Gruppe mitzuarbeiten.

Oft werden Gruppen, Arbeitskreise und Gremien nach dem »**Positionsmodell**« zusammengestellt. Das bedeutet, dass, wenn immer ein Platz bzw. eine Position frei wird, diese wieder besetzt werden muss. Das führt dann dazu, dass nach einer **Positionskompetenz** gefragt wird. »*Wer ist bereit und nimmt die leere Position ein, damit das Gremium wieder komplett ist?*« Besser ist, nicht nach der Position zu fragen, sondern nach der Funktion. »*Wen brauchen wir mit welchen Fähigkeiten in unserer Gruppe, um die uns gestellte Aufgabe gut und erfolgreich erledigen zu können?*« Diese **Funktionskompetenz** weist schon in die Richtung von Teamarbeit.

Die drei Hauptfaktoren der Teamarbeit

Teamarbeit wird im Wesentlichen von drei Faktoren bestimmt, die sich wechselseitig beeinflussen und stets im Zusammenhang gesehen werden müssen.

1. Das Team braucht eine **Aufgabe**, damit es überhaupt in Bewegung kommt und sich nach vorne orientieren kann.
2. Das Team ist ein sensibler Organismus, der eine **gute Infrastruktur und viel Pflege** braucht, damit es als Team zusammenbleibt.
3. **Das einzelne Teammitglied braucht** immer wieder die **Bestätigung**, auch als Individuum für den Prozess **wichtig zu sein**, damit das Team als Ganzes nicht auseinander driftet.

Verliert man auch nur eine der drei Komponenten aus den Augen, wird die Teamarbeit bald zum Stillstand kommen. Konzentriert man sich nämlich nur auf das Team und die einzelnen Personen, dann erzielt man zwar ein angenehmes Klima, aber es bewegt sich nicht mehr viel. Ich mache immer wieder die erstaunliche Feststellung, dass es in Gemeinden Teams gibt, die ihre Aufgabe nur sehr mangelhaft und sehr allgemein beschreiben können. Man existiert, aber man weiß eigentlich gar nicht mehr so richtig, warum.

Hat man allerdings nur die Aufgabe und diejenigen im Blick, die an dieser Aufgabe arbeiten, besteht die Gefahr, dass das Team als Ganzes auseinander bricht. Eine Gruppe muss sich auch immer als Gruppe erleben. Jedes einzelne Mitglied ist immer nur ein Teil des Ganzen. Die Mitglieder im Team brauchen einander, weil sie einander ergänzen.

Beachtet man den Einzelnen im Team nicht genug, nimmt sehr schnell dessen Zufriedenheit ab und das hat nun wieder Auswirkungen auf das ganze Team. Neben dem Gemeinsamen ist eben auch die Pflege des einzelnen Menschen im Team wichtig. Zur Zusammenarbeit gehören eben auch die individuellen Belange der Teammitglieder. Dazu können Gespräche unter vier Augen im zweckfreien Raum sehr hilfreich sein. Wenn also Teamarbeit gelingen soll, bleiben alle drei Bereiche gleich wichtig.

Teamarbeit hinterfragt zwar an vielen Stellen alte hierarchische Strukturen. Das heißt aber nicht, dass Teams vorhandene Strukturen ersetzen könnten. Teamarbeit ist die bessere Möglichkeit innerhalb vorhandener Strukturen, die Aufgaben zu erledigen, die eine Organisation und damit auch die Gemeinde hat. Dass das dann nicht ohne Einfluss auf die vorhandenen Strukturen ist, versteht sich fast von selbst.

3. Wann ist ein Team ein Team?

Wenn sich eine Arbeitsgruppe »Team« *nennt*, heißt das noch lange nicht, dass es auch ein Team *ist*. Manchmal werden Begriffe einfach übernommen und auf bestehende Organisationsformen übertragen, ohne sich wirklich Gedanken über den Inhalt und die Aufgabe zu machen. Dabei ist es wohl müßig in die Frage danach einzusteigen, ob nun jede Gruppe ein Team sei oder nicht. Teams definieren sich über ihre Struktur, Aufbau und Zusammensetzung, über Aufgaben und die Art der Zusammenarbeit. Deshalb kann jede Gruppe ein Team sein bzw. dazu werden. Das gilt auch für bestehende Gruppen, Arbeitskreise und Gremien in der Gemeinde, auch die, die mittlerweile in eine tiefe Sinnkrise geraten sind und ihre Existenzberechtigung nur noch aus der Tatsache herleiten, dass es sie schon immer gegeben hat.

Wann aber nun ist denn ein Team ein Team? Wenn man die einschlägige Literatur durchblättert, stößt man auf eine Vielzahl von Begriffen. Danach scheint es keine allgemein gültigen Teambegriffe zu geben. Dennoch lassen sich einige **Merkmale** bestimmen, die fast in allen Beschreibungen über Teams zu finden sind:

Ein Team ist eine Gruppe,

- die **eher klein** ist (max. 12 Personen) und **durch Funktion und nicht durch Position bestimmt** ist,
- die eine **gemeinsame Zielsetzung und Aufgabe** hat,
- deren Mitglieder in ein **intensives wechselseitiges Beziehungsgeflecht** eingebunden sind,
- die einen **ausgeprägten Gemeinschaftsgeist** hat und
- die in ihrem Team einen **starken Gruppenzusammenhalt** erlebt und pflegt.

An diesen fünf Merkmalen wird nun auch deutlich, was zu tun ist, um aus einer bestehenden Gruppe ein effizientes und effektives Team zu machen. Es geht dann darum,

- in der Gruppe einen **gemeinsamen Nenner** zu finden, der die Basis des Teams darstellt,
- **klare und für alle nachvollziehbare Ziele** zu finden, die von allen Mitgliedern im Team akzeptiert sind und die auch von Menschen außerhalb des Teams (Gemeinde) gekannt werden,
- dass jedes Teammitglied bestrebt ist, **Termin- und Aufgabenabsprachen** einzuhalten,
- **keine Konkurrenz** untereinander aufkommen zu lassen und alte »Feindschaften« zu beenden,
- alles dafür zu tun, dass es eine **sehr gute Kommunikation** untereinander gibt, die ihre Qualität auch nach außen hat, ohne dass Gruppeninterna nach außen getragen werden,
- dass alle Gruppenmitglieder treu zueinander stehen und eine **hohe Gruppenloyalität und Vertrauen zueinander** entwickeln.

Diese Merkmale sind grundlegend für jedes Team, gleich in welcher Organisation.

4. Wie wird ein Team zum Team?

Wie fast jede Entwicklung bei Menschen und Organisationen fängt es damit an, dass diese Entwicklung auch gewollt wird. Gründe dafür können sehr vielschichtig sein:

- alte Strukturen tragen nicht mehr, und es entsteht ein zu hoher Leidensdruck;
- in einer Veränderung werden Vorteile für das Ganze erkannt;
- es gibt immer mehr Menschen, die früh gelernt haben, in Teams zu arbeiten;
- Beispiele von anderen, die Mut machen, es auch einmal zu versuchen;
- sinnlos gewordene Traditionen;
- das Wissen darum, dass es auch anders sein könnte.

Letztlich steht dahinter immer der Wunsch, dass ein bestehender Zustand sich hin zu einem besseren Zustand entwickeln soll. Wenn aber niemand wirklich will, wird es auch nicht werden, was immer man sich so wünscht oder vornimmt. Somit wird eine bestehende Gruppe auch erst dann zum Team, wenn es **wirklich gewollt** ist. Damit wäre der erste Schritt zum Team hin auch schon getan.

Weiter geht es mit einer ehrlichen und umfassenden **Standortbestimmung** der vorhandenen Gruppen, Arbeitskreise und Gremien oder auch nur der eigenen Gruppe, in der man gerade mitarbeitet.

Fragen zur Standortbestimmung

1. Wie ist der **Name** des Teams? Ist es eindeutig zu identifizieren? Wissen das alle Gruppenmitglieder und auch Außenstehende?

2. Welche **konkrete Aufgabe** hat das Team? Wie ist diese beschrieben? Wissen das alle Gruppenmitglieder und auch andere außerhalb des Teams?

3. Gibt es klare **Zielvereinbarungen** für eine bestimmte Zeit? Werden die Ziele immer wieder auf ihre Erreichbarkeit und ihren Erreichbarkeitsgrad überprüft? Wie heißen die aktuellen Ziele des Teams? Wissen das alle Gruppenmitglieder und werden die Ziele auch von anderen gekannt?

4. Wie ist das Team zusammengesetzt? Welche Funktionen sind abgedeckt? Wer hat welche **konkrete Aufgabe im Team**? Gibt es offene Bereiche? Wer wäre für die Gruppe noch wichtig?

5. **Seit wann existiert das Team?** Seit wann in dieser Zusammensetzung? Wie lange soll die Gruppe noch existieren? Welche Gründe gibt es dafür?

6. **Wie kommt das Team zustande** (Wahl, Ernennung, Berufung, zufällig u.a.)?

7. Was sind die **aktuellen Stärken** des Teams? Worauf wird das zurückgeführt? Welche Auswirkungen haben die Stärken des Teams nach innen und auch nach außen in die Gesamtgemeinde?

8. Was sind die **aktuellen Schwächen** des Teams? Worauf wird das zurückgeführt? Welche Auswirkungen haben die Schwächen des Teams nach innen und nach außen in die Gesamtgemeinde?

9. Wie wird in der Gruppe miteinander geredet? Welche **Kommunikationsstruktur** gibt es?
10. Wie ist der **innere Zusammenhalt** im Team? Wie hoch ist die Loyalität untereinander? Gibt es Konflikte? Wenn ja, wie sehen diese aus? Inwieweit behindern diese Konflikte das Team und dessen Aufgabenerfüllung? Wie hoch ist der Grad der Verbindlichkeit aller untereinander und im Blick auf das Team (Privatinteresse, Eigeninteresse, Gruppeninteresse usw.)?
11. Wie sieht ein **Gruppentreffen bzw. eine Sitzung** aus? Wie werden diese gestaltet? Wie ist das Empfinden der Teammitglieder solchen Treffen gegenüber? Wie hoch ist die Effektivität solcher Teamtreffen (Verhältnis Zeit – Inhalt – Umsetzung usw.)?
12. Hätte man heute die Wahl, **würde man noch einmal in dieses Team gehen und mitarbeiten?**

Man könnte noch eine Menge weiterer Fragen stellen. Aber vielleicht hilft es ja, einmal über Dinge in der eigenen Gruppe nachzudenken, die bisher immer nur beiläufig mitspielten, aber sonst wenige Auswirkungen hatten. Es wird wohl so wie immer im Leben sein, dass nicht alles nur gut und nur schlecht ist. Die Fragen können aber Defizite deutlich machen und gleichzeitig Stärken aufzeigen. Beides ist wichtig, um nächste Schritte gehen zu können.

Als Nächstes kommt es nun darauf an, die oben genannten Merkmale (S. 10) eines Teams zu nehmen und mit der Standortbestimmung zu vergleichen. Die Defizite machen dann deutlich, was geschehen muss, damit eine bestehende Gruppe zum Team werden kann, bzw. auf was man achten muss, damit eine neue Gruppe gleich als Team arbeitet.

Beachten muss man immer auch die Tatsache, dass nicht jedes Team gleich ist. Es gibt Unterschiede, die sich von den Aufgaben und Zielen her bestimmen lassen, aber auch daher, ob eine Gruppe zum festen Bestandteil der Organisationsstruktur der Gemeinde gehört oder ob sie eine Sonderaufgabe übernimmt. Es gibt Teams, die unbegrenzt bestehen, und wieder andere, die zeitlich befristete Aufgaben haben.

Gerade auf Dauer hin angelegte Gruppen in der Gemeinde mit einer allgemeinen oder auch konkreten Aufgabenbeschreibung haben oft größere Schwierigkeiten, sich auf eine neue Teamstruktur einzulassen als Projektteams, die kurzfristig und auf ein konkretes Ziel hinarbeiten. Gemeindeleitungen, Gemeindekirchenräte, Mitarbeiterkreise für bestimmte Gruppen (Kinder, Jugend, Senioren u.a.), ständige Arbeitskreise mit einer konkreten Aufgabenstellung (Musik, Bau, Öffentlichkeitsarbeit u.a.) sind solche langfristigen Gruppen mit mehr oder weniger fester Einbindung in die Gesamtstruktur. Teams mit zeitlich begrenzten Aufgaben (Festkomitee, Veranstaltungsplanungen, Projekte u.a.) sind Gruppen, die sich flexibler gestalten lassen. Auch die letztgenannten Gruppen können eine mehr oder weniger feste Einbindung in die Gesamtorganisation haben.

Der Leiter eines Teams ist deshalb Leiter des Teams, weil er oder sie es am besten kann und nicht von der Position her machen muss.

Damit ein Team aber wirklich zum Team wird, muss vor allen Dingen eines immer wieder beachtet werden: Die Hierarchie, die es auch in Teams gibt, ist und bleibt immer funktionsorientiert. Der Leiter eines Teams ist deshalb Leiter des Teams, weil er oder sie es am besten *kann* und nicht von der Position her machen *muss*. Es geht in erster Linie um Kompetenz und nicht um Macht.

Ein Team ist eine Gruppe von Menschen, die in ihrer Arbeit voneinander abhängig sind, die zusammenarbeiten, um aussergewöhnliche Resultate zu erzielen!

1 **Gemeinsames Vorhaben**

Was ist der Zweck, was ist das Vorhaben, warum es unser Team geben muss?

2 **Geeignete Rollenverteilung**

Was kann das einzelne Teammitglied zum Erfolg des Ganzen beitragen?

3 **Akzeptierte Führung**

Wer bringt Menschen dazu, zur richtigen Zeit, mit den richtigen Mitteln das Richtige zu tun?

4 **Effektive Planung und Methoden**

Wie erfüllen wir unsere Aufgabe, wie arbeiten wir am besten zusammen, was setzen wir dafür ein?

5 **Stabile Beziehungen**

Wie gehen wir mit Missverständnissen, Konflikten, unvermeintlichem Stress und schlechten Tagen um?

6 **Ausgezeichnete Kommunikation**

Wer muss was, zu welcher Zeit und auf welche Weise wissen? - Wissen alle Bescheid?

5. Aufgaben und Rollen im Team

Teamleiter

Beim Teamleiter geht es darum, dass er oder sie über diese besondere Kompetenz zur Leitung und Führung verfügt. Es geht hier nicht um Macht oder eine hierarchische Stufe, sondern um die Aufgabe und Funktion des Teamleiters. Je nachdem, um was für ein Team es sich handelt, kann es sein, dass z.B. Leitungsfiguren aus der Gemeinde im Team eine andere Funktion wahrnehmen. Teamleiter haben sich bestimmten Aufgaben zu stellen.

Ein Teamleiter soll das Team koordinieren.

Sie oder er hat dafür zu sorgen, dass die Arbeit im Team selbst, aber auch die Zusammenarbeit mit anderen Personen und Teams der Gesamtgemeinde möglichst reibungslos und effektiv verläuft. Teamleiter **klären die Teamziele** und vereinbaren sie innerhalb des Teams. Sie machen die **interne Aufgabenverteilung** und die **Arbeitsabläufe** für alle transparent und versuchen, sie ständig zu verbessern. Sie setzen sich dafür ein, dass das Team seinen inneren Zusammenhalt behält und alle im Boot bleiben. Teamleiter brauchen ein **gutes Organisationsgeschick**, sollen verbindlich in der Form und eindeutig in der Sache sein. Sie brauchen die Fähigkeit zum Führen, ohne das Team zu dominieren.

Ein Teamleiter soll das Team moderieren.

Moderation heißt in diesem Fall, dass Teamleiter dafür zu sorgen haben, dass **immer die Funktion und nicht eine Hierarchie im Vordergrund** steht. Deshalb sorgen sie dafür, dass alle ihre Meinung sagen können. Unterschiede und Gemeinsamkeiten müssen immer wieder klar und deutlich erkennbar und nachvollziehbar gemacht werden. Gibt es **Kommunikationsprobleme**, sorgt ein Teamleiter dafür, dass sie **erkannt und behoben** werden. **Zwischenergebnisse müssen gesichert werden** und **Endergebnisse** entsprechend **dokumentiert** sein. Die Moderationsrolle verlangt vom Teamleiter auch, sich immer wieder aus Sachdiskussionen herauszuhalten, wenn es um Abläufe im Team geht. Außerdem muss er oder sie dafür ein Gespür haben, ob Probleme im Team eher auf der Beziehungs- als auf der Sachebene zu finden sind. Eine gute Moderation verlangt auch den **Einsatz von Visualisierungstechniken** wie Flipchart, Kartenabfrage an Pinnwänden, Einsatz von technischen Hilfsmitteln usw.

Der Teamleiter soll Teammitglieder beraten.

Diese Beratungstätigkeit schließt alle Bereiche eines Teamprozesses ein. Es gibt Sach- bzw. Inhaltsfragen, Fragen auf der Beziehungsebene, Fragen, die einzelne Personen betreffen. Vom Teamleiter verlangt das eine hohe Sachkenntnis, aber auch, und das gilt besonders in der Gemeinde, eine gewisse **seelsorgerliche Begabung**. Es kann sein, dass der Teamleiter ein Vier-Augen-Gespräch mit einem Teammitglied führen muss. Manchmal muss das Team sich auch zur Lösung eines Problems für eine bestimmte Zeit aufteilen. Es kommt darauf an, dass Teamleiter in der Lage sind, in entsprechenden Situationen einen hilfreichen Rat zu geben. Dabei wird vom Teamleiter auch ein gewisses **Durchsetzungsvermögen** verlangt, wenn ein Problem z.B. hinreichend besprochen, Lösungsmöglichkeiten angeboten und bestimmte Schritte avisiert sind. Dann hat er oder sie die Aufgabe, nun auch auf die Umsetzung zu drängen und eine Entscheidung mit dem Team zu treffen.

Der Teamleiter soll Konflikte erkennen und behandeln.

Wenn Menschen zusammenarbeiten, geht das nie ohne Konflikte ab. Konflikte treten immer dann auf, wenn man sich über die gemeinsamen Ziele nicht mehr klar ist, wenn Ziele sich widersprechen, wenn man sich über die Vorgehensweisen nicht einigen kann und unterschiedliche Methoden miteinander konkurrieren. Konflikte entstehen aber auch dann, wenn zwischen den Teammitgliedern die »Chemie nicht stimmt« und alte Gegensätze nicht ausgeräumt wurden. Konflikte und deren Klärung sind für den Erfolg und das Bestehen eines Teams unumgänglich wichtig. Werden Konflikte nicht erkannt oder gar unter den Teppich gekehrt, gären sie unterschwellig weiter und ein Scheitern ist vorprogrammiert. Werden die Konflikte allerdings gut gemeistert, ist ein Team weiterhin auf gutem Weg. Die durchlebte Krise wird dann zu einem Punkt innerer Sicherheit für die einzelnen Teammitglieder und damit für das ganze Team. Wie man mit Konflikten im Team gut umgehen kann, werden wir später noch sehen.

Der Teamleiter soll Ergebnisse präsentieren und das Team nach außen repräsentieren.

Diese Aufgaben des Teamleiters sind entscheidend wichtig, denn hier ist die Verbindung zu den anderen Menschen gegeben, die nicht im Team mitarbeiten, aber trotzdem mit den Ergebnissen zu tun haben werden. Teamleiter müssen **gut und überzeugend reden** können. Es muss ihnen gelingen, die Inhalte und Ergebnisse so zu präsentieren, dass auch unbeteiligte Dritte gut verstehen, worum es geht. Natürlich gehört zum Präsentieren auch ein gewisses **diplomatisches Geschick**, wenn es kritische Rückfragen und Einwände gibt. Visualisierungstechniken sollten immer zum Einsatz kommen, denn die meisten Menschen verstehen Dinge erst dann, wenn sie sie in irgendeiner Form gesehen haben. Immer dann, wenn der Teamleiter redet, spricht er für das ganze Team. Deshalb ist es für sie oder ihn wichtig, stets so zu reden, dass sich das ganze Team repräsentiert fühlt und gleichzeitig nach außen eine Einheit vermittelt wird, die überzeugend und einladend ist. Der Teamleiter tritt nach außen immer für sein Team ein und wird es vertreten, auch wenn die Ergebnisse nicht in allen Teilen seinen eigenen Vorstellungen entsprechen. Wenn Teamleiter reden, reden sie immer in der Wir-Form.

Zum Teamleiter wird man nicht geboren, sondern kann sich zu dieser Aufgabe hin entwickeln. Vieles von dem, was ein Teamleiter braucht, lässt sich auch erlernen. Trotzdem sollten einige Voraussetzungen schon vorhanden sein. Gerade in Kirchen und Gemeinden sind solche Menschen zu finden, die sich in unterschiedlichen Aufgaben bewährt haben. Eine Mitarbeiterin z.B., die über Jahre mit anderen zusammen eine Kindergruppe geleitet und gestaltet hat, hat mit Sicherheit im Laufe der Jahre ein hohes Maß an Leitungskompetenz für ein Team erworben. Das gilt auch für andere Gruppen und Aufgabenbereiche in der Gemeinde. Hier wird aber auch noch einmal deutlich, dass es in erster Linie um Funktionen und nicht um Hierarchie geht.

Test: Bin ich als Teamleiter geeignet?

Jeder Mensch, der in die Rolle eines Teamleiters kommt, sollte sich folgende Fragen stellen. Um mit diesen Fragen gut umgehen zu können, sollte man ein Profil entwickeln, dass jede Frage auf einer Skala mit einem Wert von 0 = »überhaupt nicht« bis 7 = »total« beantwortet wird. Je höher der Wert, desto besser.

Nach einer Selbsteinschätzung sollte jemand anders dieses Profil überprüfen und die Selbsteinschätzung einer Fremdeinschätzung gegenüberstellen. Je höher die Übereinstimmung, desto besser. Sollte es große Unterschiede geben (drei Punkte und mehr), sollte darüber ein Gespräch geführt werden. Es bietet sich die Chance, die Kompetenzen als Teamleiter zu erweitern und zu verbessern.

Verfüge ich über genügend **soziale Kompetenz?**

Kann ich Probleme und Gefühle anderer gut erkennen?	1 2 3 4 5 6 7
Bin ich in der Lage, Bedürfnisse anderer zu berücksichtigen?	1 2 3 4 5 6 7
Schätze ich meine Wirkung auf andere realistisch ein?	1 2 3 4 5 6 7

Bin ich **kontaktfähig**?

Kann ich von mir aus auf andere zugehen und ein Gespräch suchen?	1 2 3 4 5 6 7
Habe ich die Fähigkeit, Ziele, Absichten und Methoden offen zu legen?	1 2 3 4 5 6 7
Bin ich jemand, der anderen Menschen Vertrauen entgegenbringen kann?	1 2 3 4 5 6 7
Stehe ich anderen gerne mit Rat und Tat zur Seite?	1 2 3 4 5 6 7

Habe ich ein hohes Maß ein **Kooperationsfähigkeit**?

Schaffe ich es, Meinungen und Ideen anderer aufzugreifen?	1 2 3 4 5 6 7
Kann ich auch bei Schwierigkeiten helfen?	1 2 3 4 5 6 7
Bin ich in der Lage, Erfolge auch mit anderen zu teilen?	1 2 3 4 5 6 7

Besitze ich eine große **Integrationsfähigkeit**?

Kann ich unterschiedliche Interessen auf ein Ziel hin ausrichten?	1 2 3 4 5 6 7
Kann ich Spielregeln für eine Gruppe definieren und erklären?	1 2 3 4 5 6 7

Erkenne ich Konflikte rechtzeitig und kann Lösungen anbieten und anstreben?	1	2	3	4	5	6	7
Gehe ich auf andere Menschen ein, ohne meine eigenen Ideen aufzugeben?	1	2	3	4	5	6	7

Ist meine **Kommunikationsfähigkeit** gut ausgeprägt?

Gebe ich Informationen an andere weiter?	1	2	3	4	5	6	7
Halte ich keine wichtigen Informationen zurück?	1	2	3	4	5	6	7
Kann ich gut zuhören, ohne andere zu unterbrechen?	1	2	3	4	5	6	7
Nehme ich mir für Gespräche die nötige Zeit?	1	2	3	4	5	6	7

Besitze ich die Fähigkeit zur **Selbstkontrolle**?

Reagiere ich auch in Stresssituationen nicht aggressiv?	1	2	3	4	5	6	7
Werde ich nicht laut?	1	2	3	4	5	6	7
Erzeuge ich selbst bei anderen keine Spannungen und Aggressionen?	1	2	3	4	5	6	7
Habe ich eine ausgeglichene Stimmungslage?	1	2	3	4	5	6	7

Beherrsche ich genügend **Kommunikationstechniken**?

Kann ich auch abstrakte Dinge visualisieren?	1	2	3	4	5	6	7
Habe ich die Fähigkeit zu moderieren?	1	2	3	4	5	6	7
Bin ich in der Lage, zu repräsentieren und rhetorisch zu überzeugen?	1	2	3	4	5	6	7
Beherrsche ich Verhandlungstechniken?	1	2	3	4	5	6	7

Mit dem Teamleiter steht und fällt ein Team. Damit ein Team gut funktionieren kann, gehören aber noch andere Menschen mit hinzu, die über unterschiedliche Eigenschaften und Fähigkeiten verfügen. Diese sind vom Teamleiter ins Team zu holen. Im Folgenden sollen diese weiteren Teammitglieder kurz benannt und beschrieben werden.

Experten

Im Team müssen so genannte Experten sein. Das sind Leute, die sich in ihrem Fachgebiet gut auskennen. Welche Experten im Team benötigt werden, hängt wesentlich von der Aufgabenstellung des Teams ab.

Dies können z. B. Finanzexperten sein, Menschen mit einer organisatorischen Begabung, mit gestalterischen Fähigkeiten, Menschen aus einer bestimmten Berufsgruppe oder Menschen mit einer besonderen Stärke auf einem bestimmten Gebiet. Ist das Team z.B. für ein Bauprojekt verantwortlich, gehören als Experten auf jeden Fall Baufachleute wie Architekten, Ingenieure, Handwerker usw. ins Team. Geht es um ein bestimmtes Veranstaltungsprojekt, sind u.a. Musiker, Bühnenbauer und Techniker gefragt.

Keiner kann alles wissen, deshalb sind Menschen mit besonderem Wissen und einer besonderen Erfahrung in der Gruppe unverzichtbar. Allerdings dürfen im Team eben nicht nur Experten sein, denn sonst kann das Team schnell zur Expertenrunde werden, die sich in Details und unterschiedlichen Einschätzungen verliert. Experten haben oft nur Blick für ihr eigenes Gebiet. Deshalb brauchen sie immer die Ergänzung von Menschen mit anderen Stärken.

Ein Glücksfall ist es für ein Team, wenn ein Experte auch gleichzeitig über eine Sicht für das Ganze verfügt und über sein eigenes Fachgebiet hinaus denken kann. Solche Menschen sind von unschätzbarem Wert für jedes umzusetzende Projekt.

Vertrauensträger

Auch wenn vieles an Beziehungsfragen über den Teamleiter läuft, sind Menschen, die über ein hohes Maß an Glaubwürdigkeit verfügen, für jedes Team von Vorteil. Wer z.B. einen guten Ruf in der Gemeinde hat und über ein hohes Ansehen verfügt, wird damit auch einem Projekt, einer Teamaufgabe oder einer Idee den nötigen Aufschwung geben. Denn viele werden intuitiv denken: Wenn solche Leute da mitarbeiten, dann kann das, was die dort denken und machen, nicht falsch oder schlecht sein. Diese Menschen verhelfen jeder Entwicklung zu einer breiten Basis der Akzeptanz. Gleichzeitig können diese Personen das Team auch immer wieder davor bewahren, abzuheben und den Bezug zur vorhandenen Wirklichkeit zu verlieren. Vertrauensträger kennen sich meistens in der Geschichte der Gemeinde aus und können ihre Erfahrungen mit einbringen. Sie können aber auch Menschen sein, die für die Belange, die Denk- und Lebensweise einer bestimmten Gruppe oder Generation stehen.

Persönlichkeiten mit besonderer Führungskompetenz

Als nächste Personengruppe müssen Menschen mit Führungskompetenz im Team sein. Das muss nicht unbedingt der Teamleiter sein. Führungspersönlichkeiten sind in erster Linie solche, die eine Entwicklung initiieren können und gleichzeitig in der Lage sind, diese auch nach vorne zu bringen. Solche Menschen sind in jedem Team wichtig, denn sie sind auch in der Lage, Vorstellungen und Ideen aufzugreifen und in eine mögliche Zukunft hineinzudenken. Sie haben die Aufgabe, die gefassten Beschlüsse umzusetzen. Sie planen die Strecke, sie tun alles dafür, dass Ziele erreicht werden. Sie sorgen für ausreichende Kommunikation, sie besorgen die nötigen finanziellen Mittel. Sie organisieren den Zeitplan und behalten die Zeit im Auge. Sie planen, organisieren und setzen um.

Dass unter Führungspersönlichkeiten auch unterschiedliche Begabungen vorhanden sind, ist wohl klar. Da sind einmal Personen mit Führungskompetenz, die eher zu den **visionären** Menschen gehören. Sie können sich bildlich vorstellen, wie etwas werden kann, und dies auch anderen vermitteln und damit Menschen gewinnen. Dann wiederum gibt es Menschen, die typische **Starter** sind. Sie können gut etwas Neues anfangen. Sie schaffen es, Leute zu begeistern, und stellen etwas praktisch aus dem Nichts auf die Beine. Sie können organisieren und vieles in Gang bringen. Wieder andere haben die Fähigkeit, die richtigen **Kontakte** herzustellen und die richtigen Menschen zusammenzubringen. Es wird sicher nicht von jedem denkbaren Typ jemand ins Team kommen können, es ist aber wichtig, dass zumindest ein Mensch mit im Team ist, der über eine besondere Führungskompetenz verfügt.

Funktionsträger

Ein Team existiert immer in einer bestehenden Organisationsstruktur. Deshalb ist es auch wichtig, dass Menschen mit im Team sind, die die Organisation vertreten können. In der Gemeinde können das Menschen aus der Gemeindeleitung oder dem Gemeindekirchenrat sein. Es können aber auch Menschen sein, die an irgendeiner Stelle im Leben der Gemeinde Verantwortung tragen, die übergreifender ist. Solche Menschen können gut strukturelle Dinge im Blick behalten, erinnern an vorhandene Wege und Entscheidungsstrukturen. Außerdem können sie die Brücke zu den offiziellen Gremien darstellen und immer wieder in beide Richtungen hin informieren. In diesem Bereich sind auch Mitarbeiterinnen und Mitarbeiter zu nennen, die in der Gemeinde für eine Arbeitsgruppe oder eine Gemeindegruppe die Verantwortung haben. Auch sie verkörpern ein Stück der bestehenden Struktur.

Sicher gibt es noch andere Menschen, die mit ins Team kommen können. Es werden auch nicht immer von jeder Gruppe Menschen in jedem Team sein können. Deshalb ist es wichtig, immer wieder beim Weg auf ein gesetztes Ziel zu darauf zu achten, wo Defizite im Team entstehen, und danach zu fragen, wer diese schließen kann. Jede Gruppe steht ja auch für bestimmte Aufgaben, die allen, auch unabhängig von Personen, im Team wichtig sind. Manchmal müssen dann solche Aufgaben vorübergehend von anderen übernommen werden. Wenn z.B. jemand aus dem Bereich der Funktionsträger fehlt, muss der Teamleiter dafür sorgen, dass die Verbindung auf andere Art und Weise zu den Gremien zustande kommt und aufrechterhalten wird.

6. Wie ein Team gebildet wird und richtig zusammengesetzt ist

Bei einem Team kommt es – wie immer im Leben – darauf an, dass die richtigen Menschen mit den richtigen Mitteln und Begabungen zur rechten Zeit am rechten Platz sind und die richtigen Dinge tun. So einfach ist das. Aber, was hier so einfach klingt, ist in Wirklichkeit natürlich nicht so einfach zu haben. Natürlich hängt die richtige Zusammensetzung eines Teams von der jeweiligen Aufgabe ab. Man wird ja wahrscheinlich kein Team, das für die musikalische Gestaltung von Gottesdiensten zuständig ist, mit lauter unmusikalischen Leuten zusammensetzen. Wahrscheinlich wird man im Team für den Kindergottesdienst Menschen finden, die Kinder mögen, gut mit Kindern umgehen können und sich eine Ahnung davon bewahrt haben, wie Kinder denken und fühlen. Natürlich gehören in ein Leitungsteam Menschen mit einer Führungskompetenz und der Bereitschaft, die Spannung zwischen Tradition und notwendigen Veränderungen auszuhalten, ja, diese sogar zu initiieren, zu steuern und zu begleiten.

Wenn also ein Team mit einer bestimmten Aufgabe gebildet werden soll, muss darauf geachtet werden, dass Menschen im Team sind, die auch von vornherein eine Beziehung zur Aufgabe haben. Gleichzeitig sollten es natürlich auch Personen sein, die entsprechend begabt sind. Sie sollten die erforderliche Bereitschaft mitbringen, Zeit zu investieren, Fähigkeiten einzusetzen, und sich vor allem als Individuum der Aufgabe voll und ganz zur Verfügung stellen.

In der Gemeinde gibt es viele verschiedene Arbeitskreise, Gruppen, Gremien und Mitarbeiterteams. Das Zustandekommen der einzelnen Teams ist sehr unterschiedlich. Gremien werden in der Regel gewählt. Arbeitskreise finden sich um eine bestimmte Aufgabe zusammen. Gruppen bilden sich unter einem Thema, und Mitarbeiterteams sind für Gemeindegruppen da, die sie leiten und gestalten.

Wie auch immer diese Gruppen zustande kommen, gelten doch für alle Teams einige Grundsätze:

Grundsätze der Teambildung

1. **Organisation:** Der Teamleiter muss benannt oder gewählt werden. Die Größe der Gruppe ist zu bestimmen. Dann ist zu klären, wie oft und wie lange sich das Team trifft. Der Ort des Treffens ist zu benennen und wer gruppenübergreifende Aufgaben übernimmt, z.B. Protokollant u.a.

2. **Qualifikation:** Zum Team sollen Menschen gehören, die nötige fachliche Fähigkeiten mitbringen. »*Wer kann etwas besonders gut, das wir im Team gebrauchen können?*«, ist die dabei entscheidende Frage. Dann braucht man auch Menschen, die von ihrer Persönlichkeit dazu in der Lage sind, mit anderen zusammenarbeiten zu können. Das sind Menschen, die z.B. auch eigene Belange zu Gunsten von Gruppeninteressen zurückhalten können. (Weiter siehe auch oben: »Aufgaben und Rollen im Team«.)

3. **Einbindung:** Das Team muss in die Gesamtstruktur der Gemeinde eingebunden sein. Welchen Platz hat das Team in der Gemeinde? Mit welchen anderen Teams muss es zusammenarbeiten? Welche Entscheidungskompetenzen hat das Team? usw.

Was nun die richtige Zusammensetzung eines Teams angeht, gibt es sicher eine optimale Verteilung von Fähigkeiten, Aufgaben und Persönlichkeiten. Die ist aber nur selten wirklich zu erreichen. Trotzdem sollte man darauf achten, dass Menschen im Team sind, die bestimmte Eigenschaften haben. Natürlich lebt jedes Team in der Gemeinde auch davon, dass es Leute gibt, die sich nach einem Aufruf bereit erklären mitzuarbeiten. Das kann aber dazu führen, nun ein Team zu haben, in dem einige wichtige Funktionen nicht wahrgenommen werden. Deshalb sollte bei der Zusammenstellung eines Teams auch darauf geachtet werden, dass Mitarbeiter im Team sind, die nachfolgend kurz beschrieben werden.

- In jedem Team sollte ein Mensch sein, der von seiner Persönlichkeit her in der Lage ist, **Diskussionen bis zu einem gemeinsamen Ergebnis zu führen** und der **Konflikte mit einem Kompromiss beenden** kann. Diese Person muss nicht unbedingt der Teamleiter sein, sondern jemand, der über die nötigen Erfahrungen verfügt, in einer Gruppe eine Art Koordinator zu spielen.

- Das Team braucht nicht nur Pragmatiker, sondern auch Menschen, die **Aufgaben, Problemstellungen oder Herausforderungen durchdenken und reflektieren** können. Menschen, die immer gleich nach praktischer Umsetzung fragen, übersehen dabei manchmal wichtige Hintergründe oder stellen wichtige Fragen nicht. Um die gesetzten Ziele erreichen zu können, sind Menschen mit einem eher theoretischen Ansatz sehr hilfreich, da sie auf mögliche Hindernisse oder Fehler aufmerksam machen können.

- Die Aufgabenverteilung im Team sollte sich **an den Begabungen der Teammitglieder orientieren**. Was ein Mensch gut kann, macht er in der Regel auch gerne. Wenn Menschen mit ihren Fähigkeiten im Team gefragt sind und diese auch einbringen können, wird das Team als Ganzes davon profitieren und vorwärts kommen.

Die richtige Zusammensetzung eines Teams hängt natürlich stark von der jeweiligen Aufgabe ab. Je länger ein Team zusammen arbeitet, desto besser werden sich alle Mitglieder aufeinander einspielen. Es entwickelt sich neben einem Vertrauensverhältnis auch ein abgestimmtes Verhalten im Blick auf die Aufgaben und Fähigkeiten der einzelnen Menschen.

7. Große und kleine Teams

Ein Team sollte groß genug sein, um gut arbeiten zu können. Es sollte aber auch klein genug sein, um einen reibungslosen Ablauf gewährleisten zu können. Ein Team braucht Erfahrung, Wissen und Fertigkeiten. Dazu ist eine bestimmte Größe notwendig, denn zu wenige Menschen können zu schnell an Grenzen stoßen. Im Team muss es Austausch von Informationen zwischen allen Beteiligten geben. Dazu darf das Team nicht zu groß sein, denn sonst wird zu viel Kraft und Zeit für den Informationstransfer verschwendet.

Wenn man nach einer idealen Gruppengröße fragt, schlagen die meisten Teamexperten eine Zahl um sieben vor. Ist eine Gruppe kleiner als fünf Mitglieder, kann das Potential zu gering sein. Wenn die Zahl zwölf überschritten wird, besteht die Gefahr, dass Teamsitzungen in Vortragsveranstaltungen ausarten oder das Team in Untergruppen zerfällt.

Wenn das Team zu groß ist, sollte man versuchen, es zu teilen. Die beiden Teams können dann unabhängig voneinander arbeiten, müssen aber immer wieder zu Informationsveranstaltungen zusammengerufen werden. In diesen Runden ist dann ein gegenseitiger Erfahrungsaustausch wichtig. Sonst besteht die Gefahr, dass die beiden Gruppen sich auseinander leben und gegeneinander arbeiten.

Wenn eine Gruppe dagegen eher zu klein ist, sollte man sich im Team nicht zu viel vornehmen, sondern in kleineren und überschaubareren Schritten vorwärts gehen. Außerdem sollte man immer wieder den Blick dafür offen halten, ob nicht ein neues Teammitglied gewonnen werden kann. Dann braucht das Team allerdings auch etwas Zeit, den Neuen zu integrieren oder ihm die Chance zu geben, bereits gegangene Wege nachzuvollziehen.

Damit man eine gute Teamgröße für ein Projekt erhält, kann man folgende Kontrollfragen heranziehen. Kann man alle Fragen mit »Ja« beantworten, ist das Team von der Gruppengröße her ideal.

Kontrollfragen zur Teamgröße

- Kann sich das Team regelmäßig und ohne zu großen Koordinationsaufwand treffen?
- Ist allen die Rollen- und Aufgabenverteilung im Team bekannt?
- Haben alle Teammitglieder die Chance, zu Wort zu kommen?
- Beteiligen sich alle Teammitglieder aktiv, so dass Vielredner keine Chance haben und die anderen auch nicht in eine Konsumentenhaltung verfallen?
- Gibt es »echte« Teambesprechungen und nicht bloß Zweier- oder Dreiergespräche?
- Gehen vom Team tatsächlich neue Impulse aus?
- Hat das Team einen Plan und sitzt seine Stunden nicht nur ab?

8. Wenn ein Team nicht optimal zusammengesetzt ist

Auch in der Gemeinde kann es geschehen, dass ein Team nicht optimal zusammengesetzt ist bzw. es sich nach einer gewissen Zeit herausstellt, dass es einen zu hohen Reibungsverlust im Team gibt und viel zu viel Zeit darauf verwendet wird, interne Gruppenprozesse zu klären, als das zu tun, wozu das Team nun einmal ins Leben gerufen wurde. Das geschieht nun einmal, wenn unterschiedliche Menschen zusammenarbeiten, und ist zunächst nicht die Katastrophe. Dazu kommt es erst, wenn man dann alles so weiterlaufen lässt und darauf vertraut, dass sich das schon alles irgendwie regeln wird. Das geschieht aber meistens eben nicht. Fronten verhärten sich, Menschen stecken sich in ihrem Empfinden gegenseitig in Schubladen, aus denen dann niemand mehr herauskommen kann.

Wenn man also feststellt, dass ein Team nicht gut besetzt ist bzw. die Aufgabenverteilung nicht stimmt, sollte man die Situation offen ansprechen und dann, in Rücksprache mit dem ganzen Team, einiges verändern.

Eine Möglichkeit ist, **die Gruppe umzuorganisieren**. Das klingt zwar nicht ganz einfach, wenn zwei oder mehrere Mitarbeiter im Team ihre Aufgaben oder Teile davon tauschen. Wenn aber diese Maßnahme für die beteiligten Personen Vorteile bietet und neue Möglichkeiten eröffnet, werden sie meistens mitmachen. Das dauert manchmal etwas, kostet aber weniger Energie, als wenn ein Team in die große Krise gerät oder vielleicht an solchen Schwierigkeiten scheitert. Einen Fehler zu machen, ist nicht schlimm. Einen Fehler zu erkennen und dann trotzdem nichts dagegen zu tun, ist fatal.

Als weiteren Schritt könnte man **herausfinden, welche Aufgaben jede Mitarbeiterin und jeder Mitarbeiter im Team gerne erfüllt.** Manchmal kann man auf diesem Hintergrund ein paar Aufgaben anders verteilen. Das ist etwas anderes, als ganze Verantwortungsbereiche zu verschieben. Man nimmt dem einen eine Aufgabe und gibt ihm dafür eine neue und umgekehrt. Dabei ist eine gute Portion diplomatisches Geschick von Vorteil. Vor allem dann, wenn man jemandem eine Aufgabe nehmen möchte, die dieser Mensch gerne erledigt, auch wenn er nicht unbedingt viel Talent dafür beweist. Es ist gut, solche Veränderungen schrittweise vorzunehmen und nicht alles auf einmal zu regeln. Das kann oft zu großen Widerständen führen. In der Gemeinde ist das besonders schwierig, da ja die meisten Mitarbeiterinnen und Mitarbeiter ehrenamtlich arbeiten. Oft ist man dankbar dafür, dass überhaupt jemand etwas tut, und traut sich nicht, offensichtliche Defizite anzusprechen. Es ist aber besser, eine Aufgabe – egal in welchem Team – wird eine Weile gar nicht wahrgenommen, als wenn sie nur halbherzig oder schlecht geschieht.

Einen Fehler zu machen, ist nicht schlimm. Einen Fehler zu erkennen und dann trotzdem nichts dagegen zu tun, ist fatal.

Manchmal geht es auch in der Gemeinde nicht anders, als **dass Menschen, die absolut nicht miteinander harmonieren, voneinander getrennt werden** bzw. die Einsicht haben, lieber nicht miteinander in einem Team zu arbeiten. Wie viele unselige Zustände in Gemeinden sind dadurch entstanden, dass nur zwei Menschen es nicht miteinander konnten und die ganze Gemeinde in zwei Lager gespalten haben. Schon die Apostel mussten die Einsicht gewinnen, dass es besser ist, unterschiedliche Wege zu gehen, aber trotzdem Brüder zu bleiben.

Falls solch eine Trennung in einem Team nicht möglich ist, ist der Teamleiter mit seinem Moderations- und Koordinationstalent besonders gefragt. Es ist kein Scheitern, wenn man die Feststellung machen muss, dass es miteinander nicht geht und sich deshalb gegenseitig frei gibt. Gescheitert ist eine Sache erst dann, wenn das Beharren in diesem Zustand die ganze Gruppe, das Team oder die Gemeinde nachhaltig lähmt oder gar zum Erliegen bringt.

Es gibt natürlich auch immer wieder die Situation, dass ein Team dadurch geschwächt wird, dass ein Mitglied das Team verlässt. Das geschieht dadurch, dass jemand eine neue Aufgabe übernimmt oder vielleicht auch nur einfach wegzieht und die Gemeinde verlässt. Dann geht es darum, vorhandene Aufgaben neu zu verteilen oder neue Mitglieder fürs Team zu finden. Das bringt zunächst doch etwas Unruhe ins Team. Je besser aber die Stärken und Schwächen der einzelnen verbleibenden Teammitglieder bekannt sind, desto schneller wird das Team zur alten Form zurückfinden.

Bei diesem ganzen Punkt ist natürlich der Teamleiter am stärksten gefragt. Sie oder er braucht aber immer auch die Unterstützung des ganzen Teams. Manchmal ist es auch gut, einen Coach heranzuziehen, also einen Berater, der von außen dazugenommen wird, bis die Krise überwunden ist und das Team weitermachen kann.

Die Teamdiagnose

Um die Funktion und Wirkung eines Teams festzustellen, bietet sich eine Teamdiagnose an. Die gilt für den Krisenfall genauso wie für den ganz normalen Arbeits- und Wirkungsprozess. Der nachfolgende Teamfragebogen stammt, in leicht abgewandelter Form, aus dem Büchlein »Teams führen« von Wolfgang Krüger (erschienen 2000 im STS-Verlag). Sicher muss man die Fragen für eine Gemeinde noch etwas anders lesen als für eine Firma, Behörde oder sonstige Unternehmen. Aber sie können helfen, auf manche Schwierigkeiten und veränderungswürdige Punkte hinzuweisen.

Der Fragebogen bezieht sich auf fünf Problemdimensionen:

- Führung und Betreuung des Teams.
- Organisation, Ziele und verbindliche Ordnung.
- Qualifikation und Zusammensetzung.
- Kooperation, Vertrauen und Loyalität.
- Stellung des Teams in der Organisation (Gemeinde).

Der Teamfragebogen:

		Ja	Nein
1	Wir sind nicht klar von anderen abgegrenzt.	☐	☐
2	Wir haben kaum Anerkennung von außen.	☐	☐
3	Das Leistungsniveau ist sehr unterschiedlich.	☐	☐
4	Die Qualität unserer Arbeit befriedigt nicht.	☐	☐
5	Wir verlieren leicht die Orientierung.	☐	☐
6	Die Zielsetzung für unser Team ist unklar.	☐	☐
7	Nach außen werden wir schlecht vertreten.	☐	☐
8	Es fehlen Spezialkenntnisse im Team.	☐	☐
9	Der Teamleiter agiert zu wenig situativ.	☐	☐
10	Unsere Absprachen sind sehr lau.	☐	☐
11	Unsere Diskussionen finden kein Ende.	☐	☐
12	Unsere Arbeit interessiert andere nur wenig.	☐	☐
13	Es fehlt die Bereitschaft dazuzulernen.	☐	☐
14	Es gelingt uns nicht, uns selbst zu steuern.	☐	☐

		Ja	Nein
15	Es fehlt an Methodenkompetenzen.	☐	☐
16	Im Team tut jeder, was er will.	☐	☐
17	Wir klären die Beziehungen im Team nicht.	☐	☐
18	Einige werden den Aufgaben nicht gerecht.	☐	☐
19	Die Fähigkeit, Probleme zu lösen, ist gering.	☐	☐
20	Andere haben keine hohe Meinung von uns.	☐	☐
21	Es fehlt an Koordination.	☐	☐
22	Neu ist der Name, alt sind die Strukturen.	☐	☐
23	Es werden keine Entscheidungen getroffen.	☐	☐
24	Es fehlt an Offenheit und Feedback.	☐	☐
25	Wir haben keinen festen Zeitplan.	☐	☐
26	Einige verfolgen ihre eigenen Ziele.	☐	☐
27	Unser Team müsste erweitert werden.	☐	☐
28	Wir tauschen uns kaum mit anderen aus.	☐	☐
29	Als Team ziehen wir meist den Kürzeren.	☐	☐
30	Die Stellung in der Organisation ist unklar.	☐	☐
31	Einige orientieren sich mehr nach außen.	☐	☐
32	Die meisten halten sich sehr bedeckt.	☐	☐
33	Wir sind nicht sehr effizient.	☐	☐
34	Kreative Ideen werden schnell abgewürgt.	☐	☐
35	Gäbe es uns nicht, würde es keiner merken.	☐	☐
36	Einigen fehlt die Fähigkeit zur Teamarbeit.	☐	☐

		Ja	Nein
37	Erfolgskontrollen finden nicht statt.	☐	☐
38	Es gibt keinen, der einem persönlich hilft.	☐	☐
39	Es bilden sich Untergruppen und Intrigen.	☐	☐
40	Der Teamzweck ist den meisten unklar.	☐	☐
41	Unser Team ist einseitig ausgerichtet.	☐	☐
42	Die Fluktuation ist zu groß.	☐	☐
43	Ergebnisse werden nicht dokumentiert.	☐	☐
44	Wir wissen sehr wenig voneinander.	☐	☐
45	Konflikte werden nicht ausgetragen.	☐	☐
46	Wir haben wenig Vertrauen in das Team.	☐	☐
47	Uns fehlen klare Abläufe zur Orientierung.	☐	☐
48	Manche Mitglieder reden kaum miteinander.	☐	☐
49	Die Planung ist sehr unverbindlich.	☐	☐
50	In der Gemeinde sind wir Exoten.	☐	☐

Jedes Teammitglied füllt für sich den Fragebogen aus. Im Auswertungsschema findet man die Nummern zu den Fragen den entsprechenden Problemdimensionen zugeordnet. Es sollen alle die Nummern markiert werden, die mit Ja beantwortet wurden. Die Anzahl der mit Ja beantworteten Fragen sollte im Summenfeld eingetragen werden. Die Auswertung erfolgt zunächst einzeln. Dann werden die Ergebnisse aller Teammitglieder addiert. So ergibt sich eine Rangfolge der Probleme. In den Bereichen, in denen die meisten Fragen mit Ja beantwortet wurden, liegt der größte Handlungsbedarf. Je nach Brenzligkeit der Situation wird die Auswertung entweder durch eine externe Person (Coach) oder durch das Team selbst durchgeführt.

Auswertung

Problemdimension	Nr. der Fragen	Summe
Führung/Betreuung des Teams	5, 7, 9, 11, 14, 16, 21, 23, 26, 38	
Organisation, Ziele, Verbindlichkeit	6, 10, 25, 33, 37, 40, 42, 43, 47, 49	
Qualifikation und Zusammensetzung	3, 4, 8, 13, 15, 18, 19, 27, 36, 41	
Kooperation, Vertrauen, Loyalität	17, 24, 31, 32, 34, 39, 44, 45, 46, 48	
Stellung des Teams in der Organisation (Gemeinde)	1, 2, 12, 20, 22, 28, 29, 30, 35, 50	

Ist der Mittelwert aller Nennung 5 oder kleiner, kann schon ein offenes Gespräch dem Team helfen. Ist der Mittelwert jedoch größer als 5, sind folgende Maßnahmen erforderlich:

1 Führungsdefizite:

Eine Person von außen muss einbezogen werden. Zu klären ist, ob Team und Teamleiter noch eine Chance zur Zusammenarbeit sehen oder nicht.

2 Organisationsdefizite:

Hier ist zu prüfen, ob das Team gut geleitet wird und die Teamleitung ihre Aufgaben wahrgenommen hat. Liegt das Schwergewicht der Nennungen bei der 1. und 2. Dimension, ist das ein sicherer Hinweis dafür, dass die Teamleiterin oder der Teamleiter Unterstützung braucht oder auch vielleicht nicht die richtige Person an dieser Stelle ist.

3 Qualifikationsdefizite:

Es kann sein, dass die Teammitglieder nicht genügend für die Aufgabe des Teams qualifiziert sind. Dann müssen die Menschen sich im Nachhinein qualifizieren. Es kann aber auch sein, dass nicht die Menschen mit der für das Team richtigen Qualifikation im Team sind.

4 Kooperationsdefizite:

Hier ist zu klären, ob diese Probleme aktuell, aus besonderem Anlass, entstanden sind oder bislang nur übersehen wurden. Ein Teamtraining könnte helfen. Auch dazu sollte jemand beauftragt werden, der nicht Teammitglied ist.

5 Positionsdefizite:

Hier ist noch einmal über die Rolle des Teams in der Organisation bzw. der Gemeinde nachzudenken. Die Position und die Einbindung müssen neu bestimmt und nach außen deutlich gemacht werden. Schnittstellen und Vernetzungen zu und mit anderen müssen geklärt und beschrieben werden.

9. Ein Team in Bewegung setzen

Das lateinische Wort für »bewegen« heißt *movere* und ist der Wortstamm zu dem schönen Wort »Motivation«. Wenn man also eine Gruppe in Bewegung setzen will, braucht jeder Einzelne im Team eine Motivation oder ein Motiv. Um also Menschen motivieren zu können, sollte man sich etwas mit diesem Thema beschäftigen, was im Folgenden geschehen soll.

Wenn man beschreiben will, was Motivation ist, hat man mit **zwei grundsätzlichen Themen** zu tun. Das erste ist die **allgemeine Motivation**. Das ist die Kraft, etwas zu wollen. Jeder Mensch hat den Wunsch, etwas zu gestalten, auszuprobieren, zu bewirken. Jeder Mensch ist grundsätzlich motiviert, wenn auch in unterschiedlichem Maß. Dabei sind die Beweggründe, also die Frage danach, warum man etwas tut, so vielfältig wie die Menschen selbst. Kein Mensch tut aber etwas, ohne dazu motiviert zu sein. Um also etwas zu tun, brauchen Menschen ein Motiv. Diese Motive können bei gleichen Aufgaben bei verschiedenen Menschen durchaus unterschiedlich sein.

Das weist auf das zweite Thema, die **spezifische Motivation**. Sie bewirkt, dass eine Person in einer bestimmten Situation auf eine bestimmte Weise handelt – mit individuellem Einsatz und nach persönlichen Zielen, also auch mit unterschiedlichen Motiven. So können im Team Menschen sein, die z.B. als Projekt eine bestimmte Veranstaltung vorbereiten sollen. Die Mitglieder im Team sind sich über das Ziel einig und haben auch die Bereitschaft erklärt, im Team, am Projekt und der Umsetzung mitzuarbeiten. Das ist die gemeinsame Motivation: Alle wollen es. Fragt man aber jetzt die einzelnen Teammitglieder nach ihrem Motiv, wird man durchaus unterschiedliche Dinge hören. Für die einen ist es die

Möglichkeit nach einem bestimmten Gemeinschaftserlebnis, ein anderer denkt daran, dass sie oder er sich mit einer speziellen Begabung einbringen kann, und wieder ein anderer möchte die Veranstaltung dazu nutzen, Freunde und Verwandte einzuladen und sie mit der Gemeinde vertraut zu machen. Es gibt eine **allgemeine Motivation**, nämlich die Veranstaltung zu kreieren, und eine **spezifische Motivation**, nämlich die, die jedes Teammitglied für sich dabeihat. Will man also ein Team motivieren zu arbeiten, muss man beide Bereiche stets im Blick haben.

Weiterhin wird Motivation durch **zwei Rahmenbedingungen** bestimmt. Die erste Rahmenbedingung, die es zu beachten gilt, ist **die Person**. Synonyme für Motivation sind in diesem Zusammenhang Begriffe wie Antrieb, Drang, Wille, Wunsch, Streben. Das sind Dinge, die auf die Innenseite des Menschen verweisen. Man kann dann sagen, der Mensch »ist« motiviert. Der Mensch ist motiviert durch seine Wünsche, Bedürfnisse und Einstellungen. Jedes Teammitglied hat ganz bestimmte Grundbedürfnisse. Es wird kein Mensch motiviert sein, wenn er ständig an den eigenen Bedürfnissen vorbeileben muss. Zu diesen Grundbedürfnissen gehört u.a. das Gefühl von Sicherheit, Geborgenheit, Verwirklichung und die Bestätigung, das Richtige zu tun. Von der Person ausgehend, findet Motivation also immer dann statt, wenn diese menschlichen Bedürfnisse und Vorstellungen berücksichtigt werden.

Die zweite Rahmenbedingung ist **die Situation**. Hier finden sich Begriffe, die auf die umgebenden Rahmenbedingungen, die Außenseite verweisen. Begriffe wie Anreiz, Anregung, Ermächtigung, Möglichkeit, Gestaltungsraum, Ziele spielen jetzt eine Rolle. Der Mensch »wird« motiviert. Es sind die Rahmenbedingungen, denen sich der Einzelne gegenübersieht. Sie schaffen also den äußeren Lebensraum, in dem ein Mensch leben, arbeiten und überhaupt existieren kann. Je optimaler die äußeren Rahmenbedingungen sind, desto eher werden Menschen sich bereit finden, sich zu engagieren. Allerdings gilt auch, dass sich der Versuch, andere Menschen durch bestimmte Anreize zum gewünschten Verhalten zu bringen, auf Dauer als Trugschluss erweisen wird. Man kann andere Menschen zwar beeinflussen, dieses oder jenes zu tun, sich einzusetzen und mitzumachen. Man kann aber Menschen von außen nicht dauerhaft steuern. Motiviert ist man meist dann, wenn das, was man tut, das eigene Selbstkonzept stärkt und in die eigene Vorstellung passt. Das bedeutet, dass Motivation immer auch das im Blick haben muss, was der einzelne Mensch an eigenen Vorstellungen mitbringt. Wer Menschen motivieren will, muss als Erstes um ihr Vertrauen werben und ihnen etwas aufzeigen, das in Zukunft möglich, erstrebenswert und erreichbar ist.

Motivation heißt in allererster Linie immer »Ich will!«.

Zusammengefasst heißt das: Motivation heißt in allererster Linie immer »Ich will!«. Dabei führt die Frage nach dem Was und Warum zur spezifischen Motivation, die bei jedem Menschen individuell ausgeprägt ist. Motivation wird immer beeinflusst durch die Person und ihr Selbstkonzept sowie durch die Situation, die Rahmenbedingungen. Fremdsteuerung – das so genannte »Motivieren« – ist auf Dauer nicht möglich.

Deshalb muss jemand, der ein Team in Bewegung setzen will, sich die Frage einer Führungskraft stellen, wenn sie oder er an Menschen denkt, die zu motivieren sind.

Habe ich mit einem Menschen zu tun, der ...

... will und kann? – Dieser Mensch ist motiviert, weil er will. Weil für ihn auch die Rahmenbedingungen stimmen, wird er auch etwas tun. Bei ihm treffen innere Einstellung, äußere Bedingung, eben Wollen und Können zusammen.

... will und nicht kann? – Dieser Mensch ist motiviert. Sie oder er will etwas tun. Auch wenn vielleicht die äußeren Rahmenbedingungen nicht stimmen oder das Können noch nicht sehr ausgeprägt ist, wird dieser Mensch mitmachen. Das Wollen zeigt gleichzeitig auch eine Lernbereitschaft, sich das anzueignen, was an Können noch nicht da, aber möglich ist.

… nicht will und kann? – Dieser Mensch ist nicht motiviert und deshalb auch nicht zu bewegen, obwohl das Können vorhanden ist. Das kann sich sowohl auf die Rahmenbedingungen beziehen als auch auf die Möglichkeiten im Blick auf die betreffende Person. An solchen Menschen wird man sich »die Zähne ausbeißen«.

… nicht will und nicht kann? – Bei diesem Menschen ist eine Motivation nicht möglich. Erst wenn sie oder er sich zu einem »Ich will« durchringt, wird eine Bewegung möglich sein. Wahrscheinlich werden solche Menschen nie in einem Team mitarbeiten, weil sie für sich weder die Notwendigkeit noch einen Vorteil erkennen können.

Leistung – ein leidiges Thema in der Gemeinde?

In der Gemeinde wird der Begriff »Leistung« nicht so gerne gehört. Leistung klingt nach Machbarkeit, nach Kraft und Anstrengung. In der Gemeinde möchte man doch auch einfach nur *sein* können und eben nichts *leisten* müssen. Das soll auch so sein und so bleiben. Trotzdem geht es in der Gemeinde auch nicht ohne Leistung. Diese Leistung ist dann gefragt, wenn eine Aufgabe gestellt wird, ein Ziel erreicht werden soll, bestimmte Projekte anstehen. Man muss an dieser Stelle die Leistung und den Lohn- und Verdienstgedanken auseinander halten. In der Gemeinde sind Menschen von einem unmittelbaren Erfolgszwang befreit. Wenn wir in der Gemeinde von Leistung reden, dann eher unter dem Aspekt, dass jede und jeder mit der von Gott empfangenen Gabe der Gemeinde und den Menschen dienen soll. Die Frage des Lohn- und Verdienstgedankens ist im Evangelium aufgehoben. Wenn also im Folgenden von Leistung die Rede ist, dann immer im Blick auf die Frage von Gestaltungsmöglichkeiten und Gestaltungsräumen.

Anders als im physikalischen Sinn ist Leistung im Blick auf die Motivation von Menschen nicht so einfach definierbar. Vier Dimensionen gehören untrennbar zusammen, müssen aber auch immer wieder einzeln betrachtet werden:

WOLLEN – KÖNNEN – DÜRFEN – TUN

Die **erste Dimension** ist die **Leistungs-Bereitschaft**. Hier wird also danach gefragt, ob ein Mensch überhaupt bereit ist, sich einzubringen und mitzumachen. Diese Bereitschaft kann von außen nur angeregt werden. Die Entscheidung muss jeder Mensch für sich selbst treffen. Wer andere zur Mitarbeit einlädt, muss immer auch damit rechnen, dass diese Einladung ausgeschlagen wird. Gründe dafür können sehr vielschichtig sein. Man kann versuchen, sie zu klären. Wenn aber ein Mensch letztlich nicht will, sollte man ihn auch damit in Ruhe lassen. Zur Leistungsbereitschaft gehört der Wille des angesprochenen Menschen, seine Kraft genauso wie sein Temperament, die Dynamik, die einem Menschen eigen ist, seine Entschiedenheit und seine eigene Motivation (s.o.). Leistungsbereitschaft kann man mit dem Wort ***WOLLEN*** beschreiben. Wenn aber nun ein Mensch auch will und sich innerlich verpflichtet hat, mitzumachen und mitzugestalten, muss ein Teamleiter dafür sorgen, dass dieser Mensch nun nicht dadurch demotiviert wird, dass die äußeren Rahmenbedingungen so sind, dass jedem schnell der Spaß vergeht. Die Bereitschaft eines Menschen, auf der einen Seite mitzuarbeiten, verlangt auf der anderen Seite nun alles dafür zu tun, dass dies auch ohne zusätzliche Hürden und Beschränkungen geschehen kann. Gerade hier hat die Gemeinde eine besondere Verantwortung. Viel zu oft haben Menschen die Erfahrung gemacht, dass ihre Bereitschaft zur Mitarbeit durch eine Vielzahl von kleineren oder größeren Beschränkungen gleich wieder im Keim erstickt wurde. Manche wurden so behandelt, dass schon sehr viel mehr als nur eine gewisse Leidensbereitschaft dazugehört, um nicht gleich alles wieder aufzugeben.

Die **zweite Dimension** ist die **Leistungs-Fähigkeit**. Unter diesem Aspekt sind Fertigkeiten, Wissen, Kenntnisse, Erfahrungen, Begabungen und Gaben eines Menschen gefragt. Jede und jeder kann etwas. Das ist es, was ein Team braucht und eine Gemeinde, gleich welcher Größe, so reich macht. In jeder Organisation sind Menschen, die bestimmte Stärken haben. Auf dem Hintergrund dieser Stärken sind sie in der Lage, sich einzubringen und auch Erfolgserlebnisse zu haben, die sie wiederum von innen motivieren. Die Gemeinde hat immer davon gelebt und wird auch in Zukunft davon leben. Gerade in der Gemeinde sind Menschen gefragt, egal wie ihre Begabung letztlich ist. Jede Fähigkeit wird gewollt und gebraucht. Leistungsfähigkeit kann mit dem Wort ***KÖNNEN*** beschreiben werden. Allerdings gibt es auch noch andere Erfahrungen, die nicht selten zu sein scheinen. In der Gemeinde werden oft nur ganz bestimmte Fähigkeiten und Begabungen gesucht. Diese Anforderungen richten sich oft nach den *vorhandenen* Gruppen und Aufgabenbereichen. Dabei fallen viele vorhandene Kenntnisse unter den großen Gemeindetisch. Es gehört zur Aufgabe der Leitung, nicht nur für vorhandene Bereiche immer wieder Menschen zu suchen und zu fördern, die mitarbeiten wollen, sondern auch danach zu fragen, was die einzelnen Menschen in der Gemeinde können und an Begabungen haben. Je breiter die Palette von Möglichkeiten in der Gemeinde ist, desto mehr Menschen werden sich darauf einlassen, mitzuarbeiten. Zeigt jemand dann eine bestimmte Begabung, soll diese auch dadurch gefördert werden, dass ein Mensch die für ihn richtige Aufgabe in der Gemeinde findet und so eine Bestätigung bekommt, die wiederum Auswirkungen auf die innere Motivation hat.

Die **dritte Dimension** ist die **Leistungs-Möglichkeit**. Hier ist weniger die Mitarbeiterin oder der Mitarbeiter gefragt, sondern vielmehr die Leitung der Gemeinde oder die Leitung des Teams. Unter diesem Punkt geht es um Begriffe wie Gestaltungsraum, Bedingungen, Chancen, Erfolgsaussichten, »Spielwiese«. Menschen brauchen immer einen Gestaltungsraum, das heißt einen Raum, in dem ein Mensch all das tun kann, wozu er oder sie bereit ist. Solche Gestaltungsräume können in der Gemeinde sehr unterschiedlich aussehen. Allerdings dürfen diese Räume nie zu klein und zu eng sein. Dann wird ein Mensch bald aufgeben, weil ihm die nötige Bewegungsfreiheit fehlt. Der Raum darf aber auch nicht zu groß sein, denn dann wird es für Mitarbeiter beängstigend, weil die Situation unüberschaubar ist. Auch dann werden Menschen bald aufgeben und sich lieber auf ein kleineres Terrain zurückziehen. Den richtigen Raum für Menschen zu finden, in welchem sie sein und mitgestalten können, ist eine sehr wichtige Führungsaufgabe, die nie einen Abschluss findet, sondern stets weiterentwickelt werden muss. Diesen Bereich der Leistungsmöglichkeit wird ein Mensch als ***DÜRFEN*** empfinden und damit als Einladung, sich nach dem Maß der eigenen Fähigkeiten einzubringen. In der Gemeinde muss es Menschen geben, die über die nötige Phantasie verfügen, sich auch immer wieder neue Räume und Möglichkeiten auszudenken. Neben den traditionellen Bereichen gibt es eine große Menge an Möglichkeiten, in denen Mitarbeiterinnen und Mitarbeiter sich betätigen und so am Bau der Gemeinde mitarbeiten können. Oft entstehen ganz neue Bereiche, wenn Menschen ermutigt werden, sich auch mit ihrem Begabungspotential zu engagieren, das vielleicht vorher nie gefragt war.

Die **vierte Dimension** ist die **Leistungs-Umsetzung**. Die hier bestimmenden Begriffe sind Prozesse, Abläufe, Mitmachen, Unterwegssein, Erwartungen, Zielerreichung. Es nützt ja letztlich wenig, wenn neben dem Wollen, Können und Dürfen nun niemand anfängt, das auch zu leben und umzusetzen. Alles bleibt so lange graue Theorie, bis es auch praktische Konsequenzen hat. Die müssen meistens noch einmal besonders initiiert werden. Es braucht einen offiziellen Start. Das brauchen alle, die im Team mitarbeiten oder sich sonst in einem Bereich engagieren. Es gibt einen Punkt, ab dem die Leistungsumsetzung auch geschieht. Nun wollen die Menschen auch etwas ***TUN***! Dieser Startpunkt muss von allen bewusst erlebt werden. Danach geht die Reise los.

Dieser Punkt ist gerade dann besonders wichtig, wenn es unterwegs Störungen gibt, alles noch einmal in Frage gestellt wird, die Gruppe in eine Sackgasse gerät oder für eine Weile einfach nicht weiterweiß. Dann ist es gut, einander immer wieder daran zu erinnern, dass man einmal unter einer bestimmten Intention und

Zielsetzung losgegangen ist und dieses Ziel eben noch nicht erreicht ist. Der Blick darauf, einmal eine Entscheidung getroffen und schon einen gewissen Weg zurückgelegt zu haben, hilft dann oft, sich wieder aufzuraffen, Lösungen zu finden, Abläufe neu zu strukturieren und anderes mehr.

Das hier zur Motivation Gesagte gilt natürlich nicht nur für die Motivation eines Teams, sondern für jede Gruppe und natürlich für die Menschen, die die Gruppe oder das Team bilden. Ein wichtiger Aspekt im Blick auf das Thema Motivation sei als Letztes noch erwähnt. Bei allem, was Menschen tun, was sie freiwillig leisten und was man von ihnen auch immer wieder erwartet, muss der Tatsache Rechnung getragen werden, dass jede Art von Arbeit und Beschäftigung auch Spaß machen muss. Wenn das im Normalfall gewährleistet ist, sind Menschen auch bereit, in besonderen Situationen unpopuläre und schwierige Wege zu gehen.

Ausgehend von dem oben Gesagten wird jedes einzelne Teammitglied auch nur dann im Team mitarbeiten, wenn es darin eine größere Chance erkennt und einen größeren Vorteil für sich selbst sieht, als wenn man alleine etwas tut. Diese Motivationsgrundlagen zur Zusammenarbeit sind entscheidend wichtig und müssen an irgendeiner Stelle auch entsprechend benannt werden.

Natürlich wird jede und jeder, der schon einmal in einem Team mitgearbeitet hat, wissen, dass Zusammenarbeit auch Probleme mit sich bringt, die sich genau an dem Punkt festmachen, wo unterschiedliche Menschen mit unterschiedlichen Begabungen und unterschiedlichen Vorstellungen an einer Sache oder Aufgabe arbeiten sollen. Deshalb muss es auch an dieser Stelle immer wieder für alle Beteiligten eine Vergewisserung geben, dass es gut und wichtig ist, im Team zu bleiben und nicht auszusteigen. Solch eine Vergewisserung gehört zu jeder Teamsitzung mit dazu und sollte für Teamleiter und Teammitglieder immer wieder Thema sein.

10. Aufgaben, Ziele, Wege

Es gibt sehr unterschiedliche Teams. Manche arbeiten kontinuierlich an einer permanenten Aufgabe. Diese Teams sind oft im Bereich von Leitungen und traditionellen Gruppen zu finden, die einen festen Platz im Gesamtorganismus haben. Solche Teams haben ihre Aufgabe meistens definiert und wissen, wozu sie da sind. Oft mangelt es in diesen Traditionsteams allerdings an einer klaren Zielsetzung und der entsprechenden Einigung über die Umsetzungswege.

Bestehende Teams

Deshalb hier einige Stichworte und Fragen, die für bestehende Teams (Gemeindeleitungen, Mitarbeiterteams u.ä.) wichtig sind:

1. Der derzeitige Standort unseres Teams

Gerade bei Teams die dauerhaft existieren, kommt im Laufe der Zeit eine gewisse Betriebsblindheit zum Tragen. Man existiert und alle finden das ganz normal. Allerdings hat man auch immer mehr den Eindruck, dass von diesen Gruppen und Gremien wenige Impulse ausgehen. Es ist eben ein Gremium – oder fast so etwas wie eine Behörde. Alles ist geregelt und man macht einen Dienst nach Vorschrift. Dabei meint man es gut und will für die gestellte Aufgabe nur das Beste. Kreativität ist zwar wichtig, wird aber nur bedingt unterstützt. Eher beschäftigt man sich mit sich selbst und man genügt sich selbst. Dabei haben alle so viel zu tun, dass das, wozu sie eigentlich da sind, nur noch stört. Der Inhalt ist immer mehr vom Gestalten zum Verwalten übergegangen. Solche Gruppen sollten sich ein paar Fragen stellen:

Fragen zur Standortbestimmung

- Was ist unsere derzeitige Aufgabe? Wozu sind wir da?
- Mit welchen Themen haben wir uns im letzten Jahr beschäftigt? Welche Themen haben mit unserer direkten Aufgabe zu tun, welche Themen nicht?
- Welche Aufgaben wurden uns gestellt bzw. haben wir uns gestellt? Was haben wir davon tatsächlich umgesetzt?
- Wie sehen uns andere? Was nehmen sie von uns wahr? Wie sehen wir uns selbst?
- Inwieweit entspricht das, was wir tun, dem, wozu wir eigentlich da sind?
- Mit welchen Erwartungen ist jedes einzelne Teammitglied einmal angetreten? Was ist davon heute noch da? Was hat sich relativiert? Was sollte neu belebt werden?
- Welche Defizite erkennen wir im Blick auf unser Team selbst?
- Was müsste aus Sicht jedes einzelnen Teammitglieds geändert werden?

Man könnte noch viele Fragen stellen, die alle das Ziel haben, den derzeitigen Standort des Teams zu klären. Die Fragen sollen Gesprächsgrundlage für die eigene Situation sein. Es ist wichtig, immer wieder Standortbestimmungen zu machen. Wo stehen wir eigentlich? Das ist dann die Ausgangsfrage für den nächsten Schritt.

2. Das Ziel/die Ziele des Teams

Wo wollen wir eigentlich hin? Das ist die Ausgangsfrage für ein Team, das neu oder wieder in Bewegung kommen will. Zielfragen sind wichtig, denn ohne Ziele kommen wir nicht voran.

Zielfindung ist immer ein gemeinsamer Prozess aller, die im Team mitarbeiten. Ziele kann nie einer alleine setzen, denn sonst wird die nötige Solidarität in der Gruppe kaum zu erreichen sein. Ziele müssen immer klar, messbar, erreichbar und für viele erstrebenswert sein. Sind sie es nicht, sind es bestenfalls Wunschträume oder Illusionen. Da aber jeder Mensch eigene Bilder und Vorstellungen im Kopf hat, müssen Ziele für alle nachvollziehbar gemacht werden. Große Ziele müssen in kleine Teilziele unterteilt werden. Denn nur wenn die Ziele klar sind, wissen alle, worum es geht, und können so mit anderen zusammenarbeiten, mit unterschiedlichen Aufgabenschwerpunkten, den eigenen Begabungen gemäß am gleichen Ziel.

Konkrete Ziele geben einer Gruppe, die schon lange existiert, wieder einen Sinn. Ein kleiner Fragenkatalog kann bei der Zielfindung an dieser Stelle helfen. Die Fragen müssen nicht der Reihe nach »abgearbeitet« werden; sie sollen vielmehr in kleineren oder größeren Gesprächsrunden dazu dienen, sich noch einmal über die eigene Position klar zu werden und gleichzeitig nach vorne zu denken. Diese Fragen sind nicht alle speziell auf Zielfindungen hin ausgelegt, können aber dabei helfen, neue Ziele und Richtungen ins Auge zu fassen.

Fragen zur Zielfindung

- Zu welchem Zweck sind wir da? Welchen Aufgaben gehen wir nach?
- Was wäre, wenn es uns morgen nicht mehr geben würde? Wer nähme Notiz davon?
- Was ist das Selbstverständnis unseres Teams? Ist das allgemein bekannt?
- Was ist unsere spezifische Aufgabe? Wozu sind wir da?
- Was müssen wir beenden, um wieder in Bewegung zu kommen?
- Welche Strukturen sind nicht mehr lebensgemäß oder inhaltsleer geworden?
- Welche Grenzen sind da (zeitlich, räumlich, begabungsgemäß u.a.)?
- Welche Grenzen können verändert werden?
- Welche Grenzen müssen akzeptiert werden?
- Welche konkreten Ziele wollen wir kurz-, mittel- und langfristig erreichen?
- Warum wollen wir diese Ziele erreichen?
- Was muss sich in der heutigen Situation verändern, damit das möglich ist?
- Welche Unterstützung brauchen wir von außen?

Mit einer guten Standortbestimmung und entsprechenden Zielsetzung lässt sich manche Gruppe wieder in Gang setzen. Nachfolgend noch einige Gedanken, warum Zielsetzung so wichtig ist. Das gilt übrigens für jedes Team und jede Arbeitsgruppe. Projekt orientierte Teams haben es da naturgemäß einfacher, da sie sich unter einer bestimmten Zielsetzung (das Projekt) zusammenfinden.

Projektorientierte Teams

Neben den bestehenden Teams und Gruppen in der Gemeinde gibt es immer wieder auch Teams, die sich bilden, weil ein bestimmtes Projekt, eine Aktion, Veranstaltung oder sonst irgendetwas ansteht, das durch die bestehenden Gruppen alleine nicht abgedeckt wird. Wenn die Beobachtung richtig ist, nehmen Projekte zu. Vielleicht liegt das gerade daran, dass viele traditionelle Gruppen nicht mehr das ganze Spektrum möglicher Gemeindearbeit abdecken. Es könnte auch daran liegen, dass immer mehr Menschen sich für kurzfristigere Aufgaben entscheiden und die Zahl der langjährigen Mitarbeiterinnen und Mitarbeiter in einem Bereich abnimmt. Das mag manche mit Trauer erfüllen, allerdings ist es an dieser Stelle unangebracht, von mangelnder Verbindlichkeit zu reden. Wer sich für ein Projekt entscheidet, muss oft mehr Energie und Bereitschaft zur Mitarbeit mitbringen als Menschen, die in einer langjährig bestehenden Gruppe mitarbeiten. Dabei sind beide Arten der Mitarbeit in der Gemeinde unverzichtbar wichtig.

Bei Projekten sind fast immer Menschen aus unterschiedlichen Bereichen der Gemeindearbeit beteiligt, die dann mit einer bestimmten Aufgabenstellung unter einem Teamleiter für eine befristete Zeit zusammenarbeiten. Eine weitere Begründung für das Ansteigen von Projekten könnte auch darin liegen, dass man immer mehr Bereiche in der Gemeinde miteinander vernetzt. Das ist nicht nur eine neue Erkenntnis im Computerzeitalter, sondern hat auch etwas damit zu tun, dass Menschen mit unterschiedlichen Begabungen, aus unterschiedlichen Altersgruppen, mit unterschiedlicher Lebenserfahrung usw. voneinander lernen und sich gegenseitig unterstützen können. Vielleicht kann man an dieser Stelle auch das Miteinander von Alt und Jung neu entdecken.

Ich glaube auch, dass Menschen in der Gemeinde viel eher in der Lage sein müssen, in dieser Weise zusammenzuarbeiten. In der Wirtschaft ist es viel schwieriger, weil dort oft Projektteams willkürlich zusammengestellt werden und dadurch in ihrer Arbeit von vornherein behindert sind. Außerdem gibt es oft Schwierigkeiten, weil sich Projekte nur schwer in die bestehenden Strukturen einfügen lassen. Das generationsübergreifende Konzept der Gemeinde kann hier noch einmal etwas von einer richtungweisenden Art der Zusammenarbeit deutlich machen und darin vorbildhaft sein. Die nötige Kontinuität findet dann an einer anderen Stelle statt. So z.B. in Gemeindemitarbeiterkreisen, in denen sich alle Mitarbeiterinnen und Mitarbeiter in regelmäßigen Abständen treffen und gemeinsam neue Projekte beschließen.

Projektarbeit ist immer Teamarbeit. Projekte müssen aber fest in den Gesamtorganismus der Gemeinde eingebunden sein. Es dürfen keine Aktionen sein, die von ein paar Spezialisten durchgeführt werden und eher eine Sonderrolle im Gemeindeleben spielen. Projekte gehören zum Gemeindeleben dazu. Das gab es eigentlich schon immer. Ein besonderes Fest wird gestaltet, eine Konzertveranstaltung geplant, eine Seminarreihe zu einem speziellen Thema vorbereitet. Trotzdem muss man bei der Projektarbeit auch einige Regeln beachten, die nachfolgend kurz benannt werden sollen:

- **Ein Projektteam braucht immer einen konkreten Arbeitsauftrag.** Dieser muss auch deutlich erteilt werden. Wer diesen Auftrag letztlich gibt, kann sehr unterschiedlich sein. Zum Beispiel gibt die Gemeindeleitung einer Gruppe den Auftrag, sich der Immobilien der Gemeinde anzunehmen und ein evtl. Sanierungskonzept zu entwickeln. Ein Mitarbeiterkreis kann ein Projekt für eine bestimmte Aktion ins Leben rufen und damit einige Leute beauftragen. Eine Kinderfreizeit soll geplant werden. Das Projekt ist zeitlich begrenzt, ist aber innerhalb der kontinuierlichen Arbeit nicht zu leisten und wird deshalb besonders delegiert. Das Team setzt sich aus internen und externen Personen zusammen. Das sind zwei kleine

Beispiele. Es gäbe sicher eine Fülle mehr, nur soll daran kurz deutlich werden, dass es ohne einen Auftrag nicht geht.

- **Ein Projektteam muss** neben dem Auftrag **auch klare Zielvorstellungen haben**. Diese hängen nur zum Teil mit der Aufgabenstellung zusammen. Es muss klar und deutlich werden, bis zu welchem Zeitpunkt was erreicht sein muss.

- **Ein Projektteam setzt sich aus Menschen zusammen, die aus unterschiedlichen Bereichen kommen**, unterschiedlichen Altersgruppen entstammen und unterschiedliche Kompetenzen haben. Je vielfältiger ein Team zusammengesetzt ist, desto kreativer und umfassender werden die Gruppenprozesse sein. Wenn viele unterschiedliche Menschen zusammenarbeiten, ist das nicht einfach. Trotzdem ist es immer besser, als wenn Menschen zusammenarbeiten, die von vornherein einer Meinung sind und alles gleich sehen. Es kommt dann darauf an, dass die Zusammenarbeit stark zielorientiert ist. Allerdings sollten die Teammitglieder sich persönlich gut verstehen. Es ist wichtig, dass ein gemeinsamer Nenner da ist, auf den sich alle berufen können. Auf eine kurze Formel gebracht heißt das: In der Sache durchaus unterschiedlich, persönlich und emotional einig.

- **Ein Projektteam hat einen unterschiedlichen Bedarf an bestimmten Ressourcen.** Wer einen Auftrag hat, muss auch die nötigen Mittel dazubekommen, um diesen Auftrag ausführen zu können. Leider ist es in Gemeinden oft so, dass die, die etwas tun wollen, auch noch um die Dinge kämpfen müssen, die sie brauchen. Wer sich auf der einen Seite verpflichtet, etwas zu tun, muss auf der anderen Seite auch erleben, dass ihm die nötigen Mittel zur Verfügung gestellt werden. Es ist zwar schön, wenn Menschen aus nichts etwas machen können, aber das darf nicht der Normalfall sein.

- **Ein Projektteam muss sich selbst die Regeln geben, nach denen es arbeiten will.** Die Arbeitsmethoden können sehr unterschiedlich sein und richten sich nach der Aufgabe.

Es gibt sehr unterschiedliche Techniken, Hilfsmittel und Werkzeuge, die einen Prozess unterstützen können (Brainstorming, Mind-Mapping, Visualisierungstechniken u.a.). Wichtig sind auch Protokolle, denn sie dienen der Kommunikation und halten den Prozessverlauf fest (Zwischenziele). Die Protokolle sollten aber in erster Linie Ergebnisprotokolle sein. Alle Teammitglieder erhalten sie zeitnah zur letzten Sitzung und automatisch. Außerdem wird es Menschen außerhalb des Teams geben, die die Protokolle zur Kenntnis haben sollten.

- **Ein Projektteam braucht einen Zeitplan, in dem das Projekt vorbereitet und durchgeführt werden soll.** Dabei geht man am besten so vor, dass die einzelnen Schritte von hinten nach vorn geplant werden. Nur so lässt sich ein Zeitplan aufstellen und durchhalten. So können auch Abweichungen möglichst schnell festgestellt werden.

3. Der Projektstart

Die Startphase ist auch bei einem Projektteam immer die schwerste Phase. Nicht umsonst sagt das Sprichwort: »Aller Anfang ist schwer!« Deshalb muss der Start gut geplant und durchgeführt werden. Dazu noch einmal ein paar Fragen, die am Anfang zu beachten sind und geklärt werden müssen.

Checkliste zum Projektstart

Auftrag und Ziel

- Was ist unser Auftrag?
- Welche Ziele sollen wir erreichen bzw. setzen wir uns?
- Wie realistisch sind unsere Ziele?
- Wie klar, messbar, erreichbar und erstrebenswert sind unsere Ziele?
- Wie wissen wir, wann wir das Ziel erreicht haben?

Organisation

- Wie wollen wir uns organisieren? (Strukturen, Sitzungsrhythmus, Ort, Raumfragen, Protokoll u.a.)
- Welche weiteren Rahmenbedingungen müssen beachtet werden?

Verantwortungen

- Wer ist wem gegenüber verantwortlich?
- Welche Rolle spielt der Teamleiter nach innen und außen?
- Wer ist für was verantwortlich?

Begleitung/Rückmeldung

- Wer könnte von außen den Gruppenprozess begleiten?
- Wer könnte mit Rat zur Seite stehen?
- Wo sollten Feedbackrunden eingeplant werden?

Kommunikation

- Wie halten wir den Informationsfluss aufrecht?
- Wie sollte die Zusammenarbeit geregelt werden?
- Wer muss was zu welcher Zeit wissen?

Probleme/Konflikte/Beziehungen

- Wie sind die Beziehungen der Mitglieder im Team untereinander?
- Welche Regeln geben wir uns, falls Konflikte auftreten?
- Wo können wir im Konfliktfall Hilfe bekommen?
- Wer könnte für das Team Konfliktmanager und Ratgeber sein?

Allgemeine Fragen

- Wie passt das Team in die Gesamtstruktur der Gemeinde?
- Welche anderen Gruppen, Arbeitskreise, Teams könnten von Bedeutung sein?
- Welche Kosten könnten entstehen und wer klärt den Kostenrahmen?

Dies können einige hilfreiche Fragen sein, deren Beantwortung dem Team in der sensiblen Startphase hilfreich sein kann.

11. Warum Ziele so wichtig sind

Wir Menschen müssen wissen, warum wir etwas tun und vor allem wozu. Was ist der Sinn dessen, was getan wird? Wenn Menschen eine Arbeit verrichten, die für sie sinnlos ist, werden sie auch nicht motiviert sein. Man braucht nicht viel Phantasie, um sich vorzustellen, wie solch eine Arbeit dann ausgeführt wird. Wer keinen Sinn sieht, wird sich auch nicht mehr engagieren. Wer keine Perspektiven hat, wird irgendwann einfach aufgeben. Dies gilt für jede Arbeit, auch und gerade in der Gemeinde, aber auch für jedes Menschenleben überhaupt.

> ***Ist der Standort bestimmt und das Ziel klar, dann sind alle Wege richtig. Ohne Standort und ohne Ziel führen alle Wege immer in die Irre oder man dreht sich im Kreis.***

Wenn Menschen ein Ziel vor Augen haben, sind sie auch bereit, Wege zu gehen, die vielleicht unbequem oder herausfordernd sind. Mit Zielen gewinnen Menschen eine Perspektive, schöpfen in sonst ausweglosen Situationen neuen Mut, verlieren alle Müdigkeit und innere Leere. Ziele helfen dazu, sich mit anderen zusammenzufinden und neue Wege zu denken. Man ist nicht mehr für sich allein, sondern eingebettet in einen Prozess, der für alle erstrebenswert ist. Das gilt besonders für institutionalisierte Teams, Gruppen, Arbeitskreise und vor allem Gremien.

Ziele geben auch die Sicherheit, die Menschen brauchen. Es ist ein Orientierungspunkt gesetzt, der aber nicht einengt. Im Gegenteil: Wenn ein Ziel klar und bestimmt ist, dann ist es eigentlich fast egal, welchen Weg man zum Ziel geht. Ist der Standort bestimmt und das Ziel klar, dann sind alle Wege richtig. Ohne Standort und ohne Ziel führen alle Wege immer in die Irre oder man dreht sich im Kreis.

Ziele eröffnen neue Handlungsfelder. Dabei ist man gezwungen, über die Art und Weise nachzudenken, wie gehandelt wird; es werden Lösungen gesucht und Kräfte zielgerichtet eingesetzt. Dabei wird verhindert, dass viel Zeit, Kraft und Geld falsch oder gegen den eigenen Auftrag eingesetzt wird. Die Orientierung an Zielen ist heute, wie eigentlich schon immer, eine wesentliche Grundlage dafür, dass Menschen lernen, selbständig zu arbeiten und so Verantwortung für sich und andere zu übernehmen. Auch hier haben wir als Christen zu lernen, dass Zielsetzung sowie strategisches Planen nicht dem Wort Gottes oder dem Wirken des Geistes Gottes entgegenstehen. Das Wort Gottes und sein Geist bilden genau die Grundlage, auf der Ziele gesucht, gefunden und festgelegt werden.

Das große Ziel, die Ewigkeit Gottes, ist uns gesetzt. Der Weg dahin ist der Raum zur Gestaltung. Gestaltungsräume sind Freiräume, die Menschen mit ihren Begabungen und Fähigkeiten ausfüllen können. Gerade hier wird die bunte Vielfalt deutlich, die uns Menschen so reich macht und mit der Gott uns beschenkt hat. So, wie wir auf ein großes Ziel zuleben, brauchen wir auch für alle Schritte davor genaue Zieldefinitionen.

12. Menschen mit Problemen

Es gibt Menschen, mit denen die Zusammenarbeit nicht immer ganz einfach ist. Das kann unterschiedlichste Gründe haben. Die meisten Menschen sind nicht von Natur aus schwierig, sondern geraten in schwierige Situationen und reagieren darauf. Ursachen können persönlicher Natur sein, können mit dem Berufsalltag zusammenhängen, können durch familiäre Ereignisse hervorgerufen werden. Gerade in der Gemeinde muss das im Blick bleiben, dass Menschen unter allen möglichen Einflüssen stehen, die ihr Leben auch prägen. Deshalb gehört es zu jeder Teamarbeit dazu, die Probleme von Menschen zu erkennen. Sicher kann man nicht immer zu allen Zeiten jedem helfen, aber die persönliche Anteilnahme ist ein wesentlicher Faktor für gute Zusammenarbeit. »*Einer trage des anderen Last*« (Galater 6,2), ist der Aufruf für Phasen, wo ein einzelnes Teammitglied vielleicht nicht so mitmachen kann wie sonst. Vielleicht zeigt jemand auch ein verändertes Verhalten, das aufmerksam macht. Gerade weil in der Gemeinde viele Menschen ehrenamtlich arbeiten, können Stressverhalten und Stresssymptome durchaus auch im Gemeindeleben auftreten. Die meisten Mitarbeiter bringen ein hohes Maß an Zeit und Kraft ein, das nie selbstverständlich sein darf. Aber gerade deshalb kann sehr schnell Stress entstehen, wenn Menschen ständig am Rande ihrer Möglichkeiten oder auch jenseits der Grenze ihrer Belastbarkeit leben. Auch hier kann und muss Gemeinde vorbildlich sein. Seelsorge brauchen auch Mitarbeiterinnen und Mitarbeiter, die sonst immer zur Stelle sind, gerne und fröhlich mitarbeiten und sich einbringen. Die meisten Menschen lassen es sich nicht sofort anmerken, dass etwas nicht stimmt, oder hängen persönliche Probleme nicht gleich an die große Glocke. Wenn die Mitarbeiter in der Gemeinde eher reden würden, wenn sie Schwierigkeiten eher benennen würden, wäre es vielfach leichter, damit

Seelsorge brauchen auch Mitarbeiterinnen und Mitarbeiter, die sonst immer zur Stelle sind, gerne und fröhlich mitarbeiten und sich einbringen.

umzugehen und nach Lösungen zu suchen. Leider kommen manche Probleme, Sorgen und Ängste von Menschen erst dann zu Tage, wenn es fast zu spät ist.

Deshalb ist es wichtig, ein Gespür dafür zu entwickeln, wie es den Mitarbeiterinnen und Mitarbeitern geht. Das einfache und manchmal auch sehr oberflächlich gefragte »Na, wie geht's?« reicht da nicht. Zu jedem Teamprozess gehören deshalb auch immer wieder Momente, in denen der einzelne Mensch im Mittelpunkt steht und nicht nur seine Aufgabe. Wenn Menschen frühzeitig lernen, auch über ihre persönlichen Dinge zu reden, und der nötige Raum dazu gegeben ist, lassen sich viele potentielle Schwierigkeiten sehr früh erkennen. Teamleiter sind auch dafür verantwortlich, dass eine Atmosphäre des Vertrauens geschaffen wird. Nur wenn die Vertrauensgrundlage klar und deutlich zu erkennen ist, werden Menschen auch bereit sein zu reden.

In der Gemeinde wird dringend eine Gesprächskultur gebraucht, die auf einer vertrauensvollen Grundlage aufbaut, den nötigen Raum für offene und ehrliche Begegnung schafft.

Nun zeichnet sich Gemeinde ja auch darin aus, dass Menschen, die ihre persönlichen Anliegen sagen, nicht nur geduldet werden, sondern geradezu gewollt sind. Leider kommen aber Mitarbeiterinnen und Mitarbeiter, die treu ihren Dienst tun, dabei manchmal etwas zu kurz. Je offener und gesprächsbereiter sich aber Menschen mit Leitungsverantwortung zeigen, desto eher sind andere auch bereit zu reden. In der Gemeinde wird dringend eine Gesprächskultur gebraucht, die auf einer vertrauensvollen Grundlage aufbaut, den nötigen Raum für offene und ehrliche Begegnung schafft.

Die andere Seite ist, wenn man bei einem Menschen ein Problem vermutet, sich aber nicht traut, es anzusprechen. Zunächst einmal muss man mit Vermutungen immer sehr vorsichtig sein! Ist man sich aber nicht ganz sicher, sollte man eher davon ausgehen, dass ein persönliches Problem besteht, und sich vorsichtig und abwartend verhalten. Leider gehört es auch zu den traurigen Erfahrungen im Gemeindeleben, dass Menschen eine große Bereitschaft haben, *über* andere statt *mit* anderen zu reden. Nur lassen sich so selten Probleme lösen. Irgendwann wird die betroffene Person schon merken, was da hinterm Rücken alles so geredet und vermutet wird. Sehr schnell ist dann jede Vertrauensbasis entzogen.

Gerade an dieser Stelle darf es in der Gemeinde nicht so zugehen wie in vielen Bereichen des beruflichen Alltags, wo Mobbingerfahrungen oft die Atmosphäre in einem Unternehmen prägen. Offen und ehrlich miteinander umzugehen, ist zwar manchmal, wenn es um Probleme und Schwierigkeiten geht, schmerzhaft, aber längst nicht so bitter wie die Erfahrung eines nicht offenen Umgangs miteinander. Miteinander reden ist lebenswichtig für ein Team, für die Gemeinde, für menschliches Zusammenleben.

Was bei einem Vier-Augen-Gespräch wichtig ist:

1. Die richtige Gesprächsatmosphäre

- Das Gespräch sollte in einer **angenehmen Atmosphäre** stattfinden.
- Für das Gespräch sollte **genügend Zeit** eingeräumt werden (mindestens eine halbe Stunde, maximal eine Stunde).
- Das Gespräch sollte **ohne Störungen** ablaufen (kein Telefon, keine Unterbrechungen von außen).
- Das Gespräch sollte **ohne Anspannungen** stattfinden.

2. Das Problem ansprechen

- Immer **auf die Gefühle des betroffenen Menschen eingehen**. Das Gegenüber muss deutlich erkennen, dass es ernst genommen wird. Ein respektvoller Umgang unterstreicht das noch einmal.
- Der Gesprächspartner muss **zum Sprechen ermutigt werden**. Stellen Sie offene Fragen. Zeigen Sie, dass Sie wirklich zuhören. Fassen Sie die Hauptpunkte zusammen. Geben Sie eigene Schwächen zu.
- **Lösungsmöglichkeiten erarbeiten und überprüfen**. Es sollten alle Möglichkeiten genannt werden. Nur Fakten zählen, keine Meinungen. Dem Betroffenen auch Möglichkeiten aufzeigen, die er oder sie vielleicht nicht sieht.

3. Lösungen finden

Der Betroffene sollte selbst die Lösungen für sein Problem finden. Unterstützen Sie seine Entscheidung. Die Vorgehensweise vereinbaren. Einen Termin setzen, an dem Sie noch einmal über die derzeitige Situation reden wollen. Der andere muss wissen, dass er jederzeit zu Ihnen kommen kann.

4. Grundsätzliche Verhaltensregeln

- **Gesprächspausen aushalten** und nicht künstlich überbrücken.
- **Floskeln** wie »ich verstehe«, »ist mir klar«, »habe ich auch schon immer gedacht« **vermeiden.**
- **Sich keine Urteile erlauben oder Ratschläge erteilen.**

13. Vertrauen – die Grundlage für die Zusammenarbeit

Probleme von einzelnen Menschen können sehr schnell zu Problemen des ganzen Teams werden. Es entsteht eine Belastung, die nicht ohne Wirkung auf alle anderen bleibt. Deshalb ist es wichtig, Probleme und Schwierigkeiten möglichst frühzeitig zu erkennen. Trotzdem werden sie sich nie ganz vermeiden lassen. »Wo gehobelt wird, fallen auch Späne«, heißt es und macht so auf eine unausweichliche Tatsache aufmerksam. Es geht eben nicht ohne menschliche Unwägbarkeiten.

Das Einzige, was man wirklich tun kann, ist, so deutlich wie möglich darauf aufmerksam zu machen, dass Offenheit für die Sorgen und Nöte der einzelnen Teammitglieder besteht. Es muss für alle erkennbar sein, dass investiertes Vertrauen nicht enttäuscht werden wird. Das gelingt am besten, wenn man sich zugänglich zeigt und gleichzeitig positiv und ermutigend reagiert, wenn es schwierig wird. Es kann schließlich jeden im Team treffen. Wenn dieses Bewusstsein im Team vorherrscht, wird der Einzelne nie empfinden, dass sie oder er sich mit den eigenen Problemen den anderen nicht zumuten darf. Die Menschen werden dann von allein aufeinander zugehen, wenn jemand etwas auf dem Herzen hat.

Damit Vertrauen aber weiter wachsen kann, ist es wichtig, dass ein Teammitglied nach einem Gespräch nicht alleine gelassen wird. Der Gesprächspartner sollte weiterhin Anteilnahme zeigen und nachfragen, wie es um die besprochene Sache steht. Ich habe immer wieder die Erfahrung gemacht, dass es Menschen leichter wurde, wenn sie deutlich spürten, ein anderer trägt innerlich mit und behält ein Interesse für mich und mein Anliegen.

Niemals dürfen vertrauliche Informationen weitergegeben werden. Wenn jemand mitbekommt, dass ein anderer die ihm anvertrauten Dinge – auch unter dem Siegel der Verschwiegenheit – weitererzählt hat, wird das nicht nur die Beziehung zwischen diesen beiden Menschen belasten, sondern die vertrauliche Atmosphäre im ganzen Team nachhaltig zerstören.

Wenn man in einem Gespräch Absprachen oder Vereinbarungen getroffen hat, müssen beide Seiten zu ihrem Wort stehen. Wenn man einem Menschen etwas versprochen hat, muss man es auch halten. Das ist eine Weisheit, die sogar schon kleinen Kindern bewusst ist. Wer sein Versprechen hält, schafft Vertrauen, wer es bricht, zerstört die Vertrauensgrundlage, die für menschliches Zusammenleben lebensnotwendig ist.

14. Die eigene Teamfähigkeit überprüfen

Menschen sind unterschiedlich. Das bezieht sich aber auch auf die Fähigkeit, in einem Team mitzuarbeiten oder eben auch nicht. Wer nicht teamfähig ist, sollte auch nicht in einem Team mitarbeiten. Das klingt doch logisch. Trotzdem gibt es das immer wieder, nicht nur in der Gemeinde, dass Menschen Dinge tun, die sie eigentlich gar nicht können oder wollen. Wozu das dann auf Dauer führt, kann man sich mit wenig Phantasie gut vorstellen.

Solche Menschen sollten von sich aus auf die Mitarbeit im Team verzichten. Das ist für alle hilf- und segensreich. Man sollte auch keinen äußeren Druck anwenden, um vielleicht jemanden dann doch sanft in ein Team zu zwingen. Wenn ein Teammitglied letztlich unfreiwillig und nicht gerne mitmacht, führt das zum Frust und lähmt letztlich den ganzen Teamprozess.

Nun gibt es bei uns Menschen schon einen **Unterschied zwischen Selbstwahrnehmung und Fremdwahrnehmung**. Wenn man also seine Stärken oder Schwächen möglichst genau erkennen will, braucht man immer beides: eine möglichst ehrliche Einschätzung der eigenen Fähigkeiten und dazu die Sichtweise anderer Menschen.

Solange das übereinstimmt, ist das schnell eingesehen. Wenn es aber größere Unterschiede gibt, ist das nicht immer leicht zu verkraften. Trotzdem ist es, nicht nur bei Fragen der Teamfähigkeit, sehr hilfreich, neben der eigenen Wahrnehmung auch die Einschätzung anderer zu hören. Differenzen machen deutlich, wo man auf einem inneren Holzweg war und noch etwas lernen bzw. entwickeln kann und sollte.

Das nachfolgende Anforderungsprofil kann dabei helfen. Wenn sich die Ergebnisse bei ehrlicher Betrachtung im positiven Bereich befinden und die Fremdeinschätzung davon nicht deutlich abweicht, kann man davon ausgehen, dass ein Mensch für die Teamarbeit gute Voraussetzungen mitbringt. Im weiteren Teamprozess wird man dann immer wieder die Möglichkeit haben, dieses Potential weiterzuentwickeln und zu trainieren. Was die Fremdeinschätzung angeht, sollte man Menschen fragen, die einen gut kennen und ehrlich ihre Meinung sagen.

Wie teamfähig bin ich?

Ich kann ...	+3	+2	+1	0	-1	-2	-3
... offen und ehrlich reden.							
... sagen, was ich denke.							
... Ideen anderer aufnehmen.							
... überzeugen, ohne Macht auszuüben.							
... Teamziele erarbeiten.							
... Teamregeln beachten und einhalten.							
... auf andere Rücksicht nehmen.							
... anderen gut zuhören.							
... mich in andere versetzen.							
... anderen helfen.							
... andere fördern.							
... Information umfassend weitergeben.							
... bei Konflikten vermitteln.							
... kompromissbereit sein.							
... flexibel sein.							
... geduldig sein.							
... in schwierigen Phasen durchhalten.							
... rücksichtsvoll mit anderen umgehen.							
... mein Wissen einbringen.							
... ergebnisorientiert denken.							
... Gruppenziele über eigene Ziele stellen.							
... mich für gemeinsame Ziele engagieren.							
... in Gruppen kreativ sein.							
... sachlich diskutieren.							

0 in der Mitte = weder noch; + 3 = stärkstes, -3 = geringstes Zutreffen der Eigenschaft

15. Kommunikationssystem – Feedbacksystem

Manchmal sind wir alle schuld. Das Verhalten eines Mitmenschen reizt uns, aber wir sagen nichts dazu. Wir halten unsere Gefühle zurück und lassen uns nicht anmerken, dass uns sein Verhalten missfällt, bis eines Tages der Kragen platzt und alles mit einem fürchterlichen Krach endet. Und das alles nur, weil wir zu lange versucht haben, tolerant zu bleiben. Solche und ähnliche Situationen gibt es in jeder Organisation, auch in den kirchlichen Gemeinden. Vielleicht ist dort die Frustrationstoleranz anderen Menschen gegenüber besonders groß. Diese Art von Toleranz, manchmal auch mit Sanftmut verwechselt, ist im Grunde genommen diesen Menschen gegenüber nicht besonders fair. Ein anderer Mensch ist nun einmal so, wie er eben ist, und wenn ihm niemand sagt, dass das für andere ein Problem ist, kann er es auch nicht wissen. Vielleicht geht es diesem Menschen ja umgekehrt genauso. Deshalb sollte man auf freundliche Weise zu verstehen geben, was an dem anderen als störend empfunden wird. Das ist meistens gar nicht so schwierig, wie man vorher denkt. Langes Warten führt an dieser Stelle viel zu leicht zur Eskalation.

Mit charakterlichen Problemen eines Menschen umzugehen, ist nicht ganz so leicht. Trotzdem ist und bleibt es wichtig, mit diesem Menschen zu reden, denn über ihn reden meistens die anderen schon lange. Das führt aber selten zu Lösungen eines Problems, sondern vielmehr zur Festschreibung eines Zustandes, der zu nichts Gutem führen kann.

Nicht nur im Fall von Teamarbeit, sondern auch in sonst allen Bereichen ist es gut und hilfreich, ein Feedback-System zu haben. Feedback ist eine Rückmeldung auf das, was einer tut, sagt, wie er oder sie sich verhält, wie agiert oder reagiert wird. Feedback ist etwas sehr Umfangreiches. Die hier kurz vorgestellten Schritte sind ein kleiner Ausschnitt aus dem Thema Feedback. Sie können bei allen persönlichen Schwierigkeiten und auch bei anderen Problemen, die nicht direkt etwas mit einer Aufgabe oder Teamarbeit zu tun haben, angewandt werden.

Grundlagen für ein individuelles Feedbackgespräch

1. Ein Feedbackgespräch muss **unter vier Augen und ohne Zeitdruck** stattfinden.

2. Das Gespräch muss **gut vorbereitet** sein. Man sollte sich vorher die wichtigsten Punkte gut überlegen, die man ansprechen möchte. Dabei sollte man Übertreibungen, Urteile, Meinungen anderer und Schubladendenken vermeiden. Es geht darum, einen Menschen zu gewinnen, und nicht darum, ihn fertig zu machen.

3. Der **positive Einstieg** in ein Feedbackgespräch ist wichtig. Meistens sind die zu bemängelnden Dinge im Verhältnis zu dem, was ein Mensch sonst Positives tut, eher die kleinere Seite. Deshalb ist es für die Folge des Gesprächs wichtig, eine positive Grundlage zu legen, die die positiven Dinge auch würdigt.

4. Bitte dann nicht mit »aber« weitermachen, sondern **die zu kritisierenden Punkte klar und deutlich, ohne irgendeine Wertung ansprechen**. Sagt man »aber«, nimmt man das vorher positiv Gesagte aus der Sicht des anderen wieder zurück. Besser: »Ich möchte einige Punkte ansprechen, die mir aufgefallen sind.«

5. **Nur Fakten zählen**. Das ist wichtig. Leider machen viele in solchen Gesprächen den Fehler, dass sie zur Verstärkung ihrer Argumente Aussagen anderer Personen heranziehen. Das hat selten einen hilfreichen Effekt, sondern schafft bei dem so Angesprochenen das Gefühl, dass schon lange und hinter seinem Rücken über ihn geredet wird. Resignation oder Abwehr sind die natürliche Folge.

6. Man sollte **die einzelnen Punkte ansprechen und die Auswirkungen dessen aufzeigen**. Dabei können aktuelle Beispiele helfen. Man sollte auf jede Art von Wertung verzichten, und nur die Auswirkungen ansprechen, die das Verhalten des anderen haben kann.

7. **Der andere braucht auch immer die Möglichkeit, sich zu äußern**. Dabei sollte man den anderen ausreden lassen und ihm zeigen, dass man zuhört und keine vorgefasste Meinung vertritt.

8. Man sollte **immer auf das reagieren, was in die richtige Richtung weist**. Rechtfertigungen einfach stehen lassen und nicht ab- oder bewerten. Manche Sätze sagt der andere nur zur Entlastung in der aktuellen Situation. Das sollte man auch zugestehen.

9. Wichtig ist, mit dem Gesprächspartner **über Lösungen nachzudenken**: »Wie kann der Zustand überwunden werden?« Wenn der andere Vorschläge macht, sollte man gemeinsam mit ihm überlegen, welche realistisch sind und welche nicht. Dabei muss eines immer klar sein: Man kann den Charakter eines Menschen nicht verändern. Es geht nur so, dass man jemandem die Auswirkungen seines Verhaltens deutlich macht und er selbst dann daran etwas verändert. Das geht aber nur dann, wenn der andere darin zunächst für sich und dann auch für alle anderen einen Vorteil erkennen kann.

10. Wie in jedem Gespräch aus unterschiedlichen Positionen heraus, ist es wichtig, **kompromissbereit zu sein**. Dann gibt es für die meisten Probleme eine Lösung, mit der alle leben können.

11. Jedes Gespräch braucht einen **positiven Ausstieg**, der die Folgewirksamkeit des Besprochenen und Beschlossenen darstellt und dem anderen vermittelt, dass man auch in Zukunft gerne mit ihm oder ihr weitermachen möchte.

16. Wenn das Team arbeitet

Wenn das Team arbeitet, haben Menschen miteinander zu tun. Das führt in den meisten Fällen auch zu guten Ergebnissen. Allerdings bedeutet das Unterwegssein, dass es auch immer wieder Probleme und Schwierigkeiten gibt. Die gehören einfach mit dazu. Es wäre eher ein fataler Fehler, so zu tun, als würde immer alles funktionieren, oder eventuelle Störungen zu ignorieren oder gar zu leugnen. Schwierigkeiten und Probleme aller Art können durch unterschiedlichste Situationen hervorgerufen werden. Mal verstehen sich zwei Teammitglieder nicht, dann wächst sich eine Meinungsverschiedenheit zum offenen Konflikt aus. Manchmal sind es Grenzerfahrungen oder Stress, die die Harmonie im Team stören. Dass so etwas passiert ist normal, wie man allerdings damit umgeht, so dass die Gruppe weitermachen und ihr Ziel erreichen kann, muss gelernt werden.

Konflikte bei der Zusammenarbeit

Eine gewisse Konfliktprävention kann dadurch geschehen, dass jedes Teammitglied die richtige Funktion und Aufgabe hat. Außerdem ist es wichtig, die Motivationsregeln zu kennen und anzuwenden. Von großer Bedeutung ist auch, dass alle im Team, sowohl als Einzelne, aber auch als ganzes Team, die Ziele der Teamarbeit genau kennen. Wichtig ist auch, stets im Blick zu behalten, dass Menschen unterschiedlich sind und eben nicht immer die gleiche Form und Bereitschaft zur Mitarbeit haben. Manchmal kann schon die Tagesform Einzelner im Team für die Atmosphäre entscheidend sein. In einem guten Team herrscht ein offenes und ehrliches Klima, in dem jede und jeder weiß, dass auch persönliche Dinge darin ihren Platz haben können. Nicht zuletzt ist es wichtig, dass die Teammitglieder auch außerhalb der Teamprozesse einen guten Umgang miteinander pflegen.

Fortbildung und Coaching

Im Team zu arbeiten ist nicht einfach. Das können die meisten Menschen eben nicht einfach so. Deshalb ist es wichtig, dass alle Mitarbeiterinnen und Mitarbeiter im Team auch die Chance haben, sich fortzubilden. Leider ist es eben so, dass man in der Gemeinde zu schnell davon ausgeht, dass es genügt, wenn ein Mensch sich zur Mitarbeit bereit erklärt. Allerdings ist es so einfach nicht. Natürlich geht es nie ohne die innere Verpflichtung eines Menschen, sich zu engagieren und entsprechend verbindlich zu erklären. Mitarbeit muss immer freiwillig geschehen, sonst wird ein Mensch nicht lange dabeibleiben. Dass es auch äußere Zwänge geben kann, eine Aufgabe zu übernehmen, mag sein, aber auch dann braucht es das Ja eines Menschen, um sich der Herausforderung zu stellen.

Damit Teamarbeit gelingt, sollten Teamschulungen durchgeführt werden. Dazu können Kurse im Bereich der Jugendarbeit oder der Erwachsenenbildung dienen. Unterschiedliche Bildungseinrichtungen und Jugendwerke bieten Entsprechendes an. Es kann auch hilfreich sein, in einer bestimmten Phase einen Menschen von außen zu holen, der mit dem bestehenden Team arbeitet. Solch eine externe Person nennt man neudeutsch einen Coach. Dieser hat die Aufgabe, sich die Art der Aufgabenverteilung, den Umgang miteinander und die Arbeitsweise anzuschauen. Es werden Teamanalysen gemacht, Stärken herausgestellt und eventuelle Schwächen beschrieben. Wege werden aufgezeigt, wie das Team besser und effektiver zusammenarbeiten kann. Solche Coachs sind in jedem Team wertvolle Begleiter auf Zeit. Sie können durchaus aus der eigenen Gemeinde kommen, sollten aber nicht Mitglieder im Team sein. Man kann auch in der Nachbargemeinde mal nachfragen, ob dort jemand bereit ist, eine Weile das Team zu begleiten, oder man beauftragt einen Menschen, der Coaching professionell betreibt.

Aufgabenverteilung

Konflikte entstehen u.a. dann, wenn ein einzelnes Teammitglied glaubt, mehr zu leisten als andere bzw. mehr Aufgaben wahrnehmen zu müssen als andere Teammitglieder. Es gibt in jeder Gruppe auch unangenehme Dinge zu tun. Wenn dann ein einzelnes Teammitglied den Eindruck hat, immer diese Aufgaben machen zu müssen, während andere nur das tun, was ihnen liegt oder Spaß macht, dann kann das schon zu Konflikten führen. In solchen Situationen ist es gut, darüber im Team zu sprechen. Es kann dann durchaus sein, dass die Arbeit neu verteilt wird. Jedenfalls ist es immer wichtig, solche schwelenden Konflikte anzusprechen, bevor sie zum Ausbruch kommen. Manchmal gibt es auch Phasen, in denen im Team eine Person besonders beansprucht wird. Das kann dann geschehen, wenn in der Gemeinde eine Veranstaltung ansteht, für die z.B. im Gemeindehaus viel hergerichtet werden muss. Dann ist es gut, dass alle Teammitglieder sich bereit erklären, nun gemeinsam die größeren Anstrengungen zu unternehmen, als es allein der Person zu überlassen, die für Haus und Hof zuständig ist. Um Konflikte zu verhindern, ist es aber immer wichtig, frühzeitig über mögliche Problemfelder zu reden.

Weitere Aspekte

Ein weiteres mögliches Konfliktpotenzial steckt in der Gefahr, dass ein einzelnes Teammitglied sich ausgeschlossen fühlt. Um das zu verhindern, sollten einige Punkte stets beachtet werden.

- Im Team sollte jeder **über alles frei reden** dürfen, auch über Bereiche, die nicht unbedingt zum eigenen Aufgabengebiet gehören. Es ist wichtig, dass im Team eine offene Gesprächsatmosphäre herrscht, die dazu einlädt und ermuntert, offen zu reden.
- **Alle Informationen**, die das Team betreffen, **sollten stets allen in gleicher Weise zugänglich sein**. Niemand darf Infor-

mationen vor anderen zurückhalten. Gerade an dieser Stelle kann viel Unmut entstehen. »Wissen ist Macht!«, sagt man. Diesen kleinen Satz scheinen manche Menschen zu ihrem Lebensmotto gemacht zu haben. Der Wissensvorsprung, den man anderen gegenüber hat, wird nicht zum Wohl der Gruppe eingesetzt, sondern zum Ausbau der eigenen Position. So etwas wird auf Dauer ein Team zerstören.

- Im Team **muss jeder die Möglichkeit haben, Ideen in Frage zu stellen**, Alternativen vorzuschlagen, nachzufragen, wenn man etwas nicht verstanden hat. Gerade hier muss der Teamleiter darauf achten, dass jede Idee, jeder Vorschlag, jeder weitere Aspekt positiv und respektvoll aufgenommen wird. Das ermutigt die Teammitglieder, sich auch zu äußern. Jeder Mensch möchte gerne gehört werden, wenn aber mit Äußerungen flapsig und herablassend umgegangen wird, wird ein Mensch irgendwann verstummen.

- Ein wichtiger Aspekt, der leider viel zu oft übersehen wird, ist die **Höflichkeit, andere ausreden zu lassen**. In leicht erhitzten Diskussionen ergibt schnell ein Wort das andere. Man hört gar nicht mehr richtig hin, sondern ist schon gleich bei seinem Gegenargument. Die Regel heißt: Erst zu- und hinhören, und zwar bis zum letzten Satz. Dann etwas Pause machen – nur ein paar Sekunden – und dann erst antworten. Auch hier ist der Teamleiter als Moderator gefragt, auf eine Gesprächskultur zu achten.

Ein weiterer Aspekt möglicher Konflikte steckt in der Tatsache, dass Menschen sich auch streiten können. Wenn das in einer Gruppe geschieht, ist immer der ganze Organismus davon betroffen. Auch hier ist es wichtig, nicht das Ganze auf sich beruhen zu lassen und darauf zu hoffen, dass die Streithähne das schon irgendwie hinbekommen. Teamleiter oder Menschen mit Einfühlungsvermögen sollten vermittelnd eingreifen. Es ist von Bedeutung, das Problem frühzeitig zu erörtern, bevor es weitere Kreise zieht. Natürlich wird im Team von allen immer Kompromissbereitschaft verlangt. Auch sollte in solchen Phasen den betroffenen Personen immer wieder das gemeinsame Gruppenziel vor Augen geführt werden. »*Was bedeutet eure Auseinandersetzung im Blick auf das Ziel, das wir erreichen wollen?*«, könnte z.B. eine Frage sein. Natürlich ist es wichtig, auch die Gefühle der Menschen im Team zu berücksichtigen und darauf zu achten. Niemand soll den Eindruck haben, die eigenen Empfindungen und Belange würden keine Rolle spielen.

In den meisten Fällen führt ein aufmerksames Verhalten dazu, Streitereien frühzeitig einzugrenzen. Sollte eine Auseinandersetzung nicht zu beenden sein, müssten weitere Schritte im Sinne eines **Konfliktmanagements** gegangen werden.

Konfliktmanagement – die nötigen Schritte

- Die betroffenen Parteien sollten **zu einem gemeinsamen Gespräch eingeladen** werden. In einer heißen Phase des Konflikts darf nicht der Eindruck entstehen, der Teamleiter oder Vermittler würde sich auf eine Seite schlagen. Deshalb sollten alle Beteiligten gleichzeitig das Gespräch mit dem Vermittler führen.

- Für solche Gespräche sollte man sich **Zeit nehmen** und sie nicht zwischen Tür und Angel führen. Eine möglichst entspannte und lockere Atmosphäre kann für den positiven Verlauf des Gesprächs nur förderlich sein.

- Es muss immer wieder deutlich werden, dass der Konflikt dem ins Auge gefassten Ziel des Teams im Wege steht. **Deshalb muss der Konflikt gelöst werden. Darin soll die Aufgabe des Gesprächs liegen.** Schuld und Schuldzuweisungen sollten keine Rolle spielen, sondern nur die Frage, wie ein Kompromiss zu finden ist, der beiden Seiten möglichst gerecht wird.

- Wer als **Vermittler** in einem Konflikt auftritt, muss als solcher auch **von beiden Parteien akzeptiert sein**. Das müssen beide Seiten auch bestätigen, sonst kann man sich das Gespräch sparen. Gleichzeitig muss der Vermittler auch deutlich machen, dass er eine Entscheidung treffen wird, wenn die Parteien sich nicht einigen können.

- Natürlich ist für solch ein Gespräch auch eine gewisse **Gesprächskultur** entscheidend. Sich gegenseitig ausreden zu lassen, gehört genauso dazu wie die Bereitschaft, sich in die Position des jeweils anderen hineindenken zu wollen. Dass das nicht einfach ist, weiß jeder, der schon einmal in solch einer Situation war. Trotzdem fängt hier die Lösung an. Die Einsicht, dass jeder Mensch grundsätzlich Recht hat (jedenfalls aus seiner Sicht), kann dabei sehr hilfreich sein. Der Vermittler muss darauf achten, dass das Gespräch möglichst sachlich bleibt und persönliche Beschuldigungen unterbleiben. Jede und jeder sollte über die eigenen Gefühle sprechen und nicht darüber, was andere gesagt oder getan haben.

- Der **Vermittler muss** darauf achten, dass sie oder er in diesem Gespräch **neutral bleibt** und nicht Position zugunsten der einen oder anderen Seite bezieht. Das gilt auch für den Augenblick, wo eine der beiden Parteien auf dem richtigen Weg ist und ein anderer stur oder uneinsichtig bleibt. Sobald der Moderator seine Neutralität aufgibt, verliert er seine Vermittlerrolle.

- **Das Gespräch sollte nicht beendet werden, ohne dass eine Übereinkunft getroffen wird.** Diese muss gemeinsam beschlossen werden. Wenn eine Person im Konflikt den Eindruck hat, unterlegen zu sein, wird der Kompromiss nicht lange halten. Zugeständnisse um des lieben Friedens Willen sind nur scheinbar konfliktlösend. Bedeutsamer ist es, dass alle mit dem getroffenen Ergebnis leben können. Dabei kommt dem Vermittler eine wichtig Rolle zu, indem er oder sie gefragt ist, nun auch die beiden auf dem Weg der Übereinkunft zu begleiten und dafür zu sorgen, dass die Absprachen auch eingehalten werden. Zu schnell fallen Menschen sonst wieder in die alten Verhaltensweisen zurück. Diese Begleitung sollte so gestaltet sein, dass der Vermittler im Laufe der nächsten Zeit immer wieder bei den Streithähnen die Situation anspricht und Mut macht, den beschlossenen Weg weiterzugehen. Gleichzeitig muss er sich gesprächsbereit halten, falls neue Fragen, Irritationen oder Schwierigkeiten aufbrechen.

- **Alle am Konflikt Beteiligten müssen in Folge auch bestätigt bekommen, dass man auf dem richtigen Weg ist.** Erfolge sollen anerkannt werden. Gleichzeitig muss auch deutlich werden, dass der gefundene Kompromiss auf dem Weg zum Ziel sehr hilfreich ist. Ein positiver und offener Umgang miteinander kann für alle im Team nur gut und hilfreich sein.

Woran Menschen sich zerstreiten können, ist so vielfältig, wie es unterschiedliche Menschen, Ideen und Sichtweisen gibt. Trotzdem sollte kein Konflikt sich selbst überlassen bleiben. Frühzeitiges und beherztes Angehen kann für alle im Team und darüber hinaus nur hilfreich und segensreich sein.

17. Gruppen und Grüppchen im Team

Jedes Team unterliegt der Gefahr, dass sich, aus welchen Gründen auch immer, Untergruppen bilden, die dem Teamprozess schaden können. Ursachen können z. B. Meinungsverschiedenheiten sein, die grundsätzlicher Natur sind. Dann können auch die alten Kämpfe um Macht und Anerkennung zu nachhaltigen Schwierigkeiten führen. Gerade davon sind ja auch Menschen in der Gemeinde nicht frei, denn nicht umsonst hatte der Apostel Paulus an unterschiedlichen Stellen darauf hingewiesen, wie sehr diese Auseinandersetzungen schaden können. Ein weiterer Punkt können auch Rivalitäten zu anderen Gemeindegruppen sein. Wie sonst im Leben auch, entstehen diese, wenn eine Gruppe in den Augen anderer zu einflussreich wird, zu viele Kräfte bindet oder auch einfach deshalb, weil diese Gruppe zu erfolgreich zu sein scheint.

- **Meinungsverschiedenheiten entstehen oft bei der Frage nach dem gemeinsamen Ziel**. Unterschiedliche Vorstellungen darüber können das Team in einzelne Interessengruppen spalten: Aus welchen Liederbüchern wird denn nun gesungen, oder nehmen wir gar keine Liederbücher mehr, sondern singen das gemeindeeigene Liedgut von Folien? Was wollen wir mit dieser Veranstaltung erreichen und vor allen Dingen wen? usw. Nährboden für gruppeninterne Auseinandersetzungen kann auch in der Tatsache zu finden sein, dass eine Gruppe längst ihr eigentliches Ziel aus den Augen verloren hat. Die Mitglieder im Team sind zwar noch zusammen, arbeiten und beraten, aber letztlich ohne genau zu wissen, warum. Man gibt sich immer wieder gegenseitig bestätigend die Vergewisserung, dass es wichtig ist, die Gruppe zu haben. In letzter Konsequenz ist das aber kaum noch bekannt. Dann entstehen Meinungsverschiedenheiten, die rein äußerlich gar nicht so wichtig sind, aber ein Team schon ordentlich durcheinander bringen können. Um solche und andere Konflikte in den Griff zu bekommen, sollte man folgende Dinge beachten:

- **Die Gruppe braucht eine Begründung für ihre Existenz.** Diese kann eigentlich nicht aus der Gruppe selbst kommen, sondern muss von außen dem Team gegeben werden. Die Gemeinde, die Gemeindeleitung, Verantwortliche oder eine besondere Situation können Initiatoren für solch eine Begründung sein. Hier ist im Wesentlichen Leitungs- und Führungsverantwortung sowohl vom Teamleiter als auch von anderen Verantwortungsträgern gefragt, die außerhalb des Teams stehen.

- Man sollte **ein Problem möglichst früh beim Namen nennen**. Darauf zu hoffen, dass sich die Dinge von allein regeln, ist gefährlich. Je früher man etwas unternimmt, desto eher hat man die Chance, eine Eskalation zu vermeiden, die dann zwangsläufig zur Spaltung der Gruppe führen kann.

- Immer wenn Menschen unterschiedlicher Meinung sind, gibt es als Lösung nur einen **Kompromiss**. Um diesen zu erreichen, muss es ein Gespräch mit allen Beteiligten geben. Die Ziele müssen neu, klar und deutlich definiert werden, und zwar so, dass alle sich damit einverstanden erklären können.

- Wenn das Team nun endlich einen **Entschluss** gefasst hat, muss **diese Entscheidung festgeschrieben werden**. Dabei ist darauf zu achten, dass nicht der Eindruck entsteht, man könne später noch einmal diesen Entschluss revidieren oder insgesamt in Frage stellen.

- Immer dann, wenn ein Team eine Grundsatzentscheidung getroffen hat, muss **bald eine diesbezügliche Herausforderung bzw. Aufgabe** folgen. Ein Projekt, eine Aktion oder eine Veranstaltung sollte durchgeführt werden, damit auch das gefasste Ziel praktisch greifbar wird. Sonst verpufft der Neuanfang sehr schnell wieder.

18. Gestaltung von Teambesprechungen und Sitzungen

Teamsitzungen müssen gut vorbereitet und gestaltet sein. Je besser das geschehen ist, desto effektiver können die gestellten Aufgaben erfüllt werden. Eine gute Vorbereitung gibt den Teammitgliedern die nötige Sicherheit und steigert die Bereitschaft zur Mitarbeit. Außerdem werden alle so eingestimmt, dass Kreativität sich entfalten kann.

Damit eine Sitzung gut gelingen kann, sollten die folgenden Dinge beachtet werden.

- Eine **rechtzeitige Einladung** ist wichtig. Diese Einladung sollte schriftlich erfolgen. Als Angaben stehen darauf: das Datum des Treffens, die Anfangszeit und die Schlusszeit, der Ort und die Namen der Teilnehmerinnen und Teilnehmer und auch die Namen derer, die von der Sitzung wissen müssen, nachher das Protokoll bekommen, aber nicht unbedingt an der Sitzung teilnehmen. Natürlich gehört noch die Tagesordnung mit den zu behandelnden Punkten dazu.

  Solch eine Einladung gibt allen Beteiligten Sicherheit und schafft gleichzeitig eine gewisse Verbindlichkeit. Dass auf der Einladung Datum, Anfangszeit und Ort stehen, ist sicher den meisten klar. Leider wird oft die Schlusszeit nicht angegeben. Aber gerade das ist wichtig, weil dann alle die Möglichkeit haben, Anschlusstermine zu planen, oder einfach wissen, wann sie nach Hause gehen können.

- Die **Tagesordnung** sollte sich nach Möglichkeit aus den Beiträgen aller zusammensetzen. Die Leiterin oder der Leiter koordiniert. Deswegen müssen alle Teilnehmer rechtzeitig befragt werden, was sie in diese Sitzung einbringen wollen. Jeder muss die Chance haben, die eigenen Belange einzubringen.

Die Tagesordnung soll helfen, dass alle zu Wort kommen. Aufgabe der Sitzungsleitung ist es auch, im persönlichen Gespräch mit den einzelnen Beitragsgebern zu klären, wie viel Zeit sie für ihren Beitrag brauchen. Diese Zeitvereinbarung kennen aber nur diejenigen, die auch an diesem Programmpunkt direkt beteiligt sind. Auf diese Weise kann dann die Sitzungsdauer bestimmt werden.

Der Leiter lässt aber immer noch einen zeitlichen Puffer von mindestens einer halben Stunde. Braucht jemand für seinen Tagesordnungspunkt doch weniger als die vereinbarte Zeit, vergrößert sich der Puffer, braucht jemand etwas länger als vereinbart, wird diese Zeit aus der geplanten Zeit für den Zeitpuffer genommen. Ist die Sitzung eher beendet als geplant, wird niemand traurig sein. Umgekehrt ist es auf Dauer für die beteiligten Menschen frustrierend, wenn die Zeit immer überzogen wird.

- Eine Sitzung sollte von dem Leiter **organisatorisch gut geplant** werden. Je nachdem, wie lange eine Sitzung voraussichtlich dauert, sollten Pausen eingeplant werden, Getränke bereitstehen. Alle technischen Hilfsmittel wie der Overhead-Projektor, das Flipchart usw. müssen bereitgestellt werden (vorher überprüfen, dass alles funktioniert!)

- Auch die **Raumordnung** ist zu beachten. Es ist von nicht geringer Bedeutung, wie die Menschen, die an einer Sitzung teilnehmen, sitzen. Alle sollten alle sehen können. Am besten ist eine Sitzordnung im Kreis oder Quadrat. Lange Tafeln eignen sich, wenn überhaupt, nur bei Verhandlungen, wie man das schon mal im Fernsehen sehen kann. Für eine gute Sitzung ist die Kreisanordnung die beste geometrische Form. Jeder Mensch hat natürliche Distanzzonen. Eine Faustregel besagt, dass der Abstand zur Nachbarin oder zum Nachbarn etwa der doppelten Länge des Oberarmes entspricht. Wenn also die Menschen nebeneinander sitzen und die abgewinkelten Arme heben, sollten sich die Ellenbogen berühren. Natürlich braucht der Mensch auch die nötige Luft zum Atmen, deswegen sollten Sitzungsräume immer über genügend frische Luft verfügen und im Verlauf der Sitzung auch immer wieder einmal durchgelüftet werden.

- Der Leiter hat dafür zu sorgen, **dass jeder auch zu Wort kommen kann**. Wie das geschieht, hängt von der jeweiligen Sitzungsart und dem Sitzungsverlauf ab. Wenn viele sich am Gespräch beteiligen, sollte eine Reihenfolge durch die Sitzungsleitung festgelegt werden. Wenn das nicht passiert, werden die etwas resoluteren Menschen die etwas schüchternen nicht zu Wort kommen lassen.

- Natürlich darf in einer Sitzung alles gesagt werden, was jemand sagen will. Es darf **keine Maßregelungen** geben oder auch **keine Tabuthemen**, denn sonst werden diese Themen heimlich und außerhalb des Teams besprochen, und das führt, wie jeder weiß, zu einer destruktiven Gerüchteküche. Dabei ist es wichtig, die Teilnehmer zu lehren, **immer im Erreichten zu denken**. Es werden oft stundenlange Diskussionen über irgendwelche persönlichen Einschätzungen geführt, die aber letztlich zu nichts führen. Im Erreichten zu denken heißt: *»Was haben wir geschafft?«* – *»Wie sieht die derzeitige Situation aus?«* und anderes mehr. Letztlich zählen immer nur Ergebnisse und nicht Vermutungen.

- Die Sitzungsleitung hat darauf zu achten, dass es **keine Einzel-Auseinandersetzung vor der Gruppe** gibt. Das ist immer wieder ein beliebter Sitzungskiller. Wenn sich zwei Leute wegen eines Themas in die Haare kriegen, ziehen sie sehr schnell alle Aufmerksamkeit auf sich und lenken dabei vom eigentlichen Sitzungsinhalt ab. Wenn es Konflikte gibt, sollte der Leiter einer Sitzung dafür sorgen, dass diese kontroverse Frage oder der Konflikt zu einer anderen Zeit außerhalb der Sitzung besprochen und geklärt wird.

- In jeder Gemeinde gibt es genug Dinge, die in irgendeiner Form im Argen liegen. Das wissen alle sehr genau. Viel hilfreicher, als darüber zu reden, ist es, wenn es dem Sitzungsleiter gelingt, **sich zum Positiven durchzufragen**. Denn letztlich motiviert nur das Positive zum Weitermachen! Natürlich müssen auch die anderen Dinge, die nicht so positiv sind, zur Sprache kommen. Auf dem Hintergrund positiver Darstellungen aber bekommen sie einen anderen Stellenwert, als wenn immer zuerst über die Dinge geredet wird, die nicht in Ordnung sind. Natürlich kann es auch Situationen geben, wo nichts Positives zu finden ist. Dann gehört es auch zur ehrlichen Art des Umgangs miteinander, Negatives nicht positiv zu reden oder es zu verniedlichen. Aber in der Regel gibt es immer positive und negative Dinge. Dann ist es wichtig, sich zum Positiven durchzufragen.

- Zu einer guten Teamsitzung gehört es natürlich auch, **mutige Entscheidungen zu fällen**, unter Umständen auch unpopuläre. Ich kenne genügend Gemeindeleitungen, wo immer wieder die gleichen Themen besprochen werden, aber letztlich der Mut fehlt, Dinge auch zu entscheiden. Je komplexer solche Entscheidungen sind oder je unpopulärer sie für einen großen Teil der Gemeinde sein können, desto eher ist man geneigt, das ganze Thema »auf die lange Bank« zu schieben. Wenn alle gut miteinander umgehen, offen und ehrlich zueinander sind, wenn alle wissen, wir können uns aufeinander verlassen und werden uns im Nachhinein nicht in den Rücken fallen – dann darf man, dann muss man auch entscheiden, damit eine Entwicklung weitergehen kann.

19. Weiterbildung

Fort- bzw. Weiterbildung ist in den meisten Unternehmen im Bereich der Wirtschaft ein permanentes Thema, denn Entwicklungen gehen weiter, neue Verfahrensweisen werden erfunden und immerzu neue Erkenntnisse gewonnen. Wer mit am Ball bleiben will, muss dafür sorgen, dass Mitarbeiterinnen und Mitarbeiter sich ständig auch weiterbilden. Das hier investierte Geld macht sich oft schon nach kurzer Zeit wieder bezahlt.

In Gemeinden ist es leider oft so, dass Mitarbeiterbildung nicht so einen breiten Raum einnimmt. Zum einen scheut man die Kosten, zum anderen ist die Einsicht in die Notwendigkeit nicht so sehr weit verbreitet. Trotzdem gibt es auch in allen Bereichen der Gemeindearbeit etwas zu lernen. Dabei ist es wichtig, dass man Mitarbeiter nicht einfach willkürlich zu allen möglichen Kursen schickt, sondern in der Gemeinde ein richtiges Weiterbildungsprogramm entwickelt. Dabei sollte man überlegen, welche Fähigkeiten im praktischen, im geistlichen, im geistigen als auch im menschlichen Bereich den einzelnen Mitarbeitern nützen könnten. Angebotene Kurse, Seminare und Trainings gibt es genug. Natürlich müssen auch die Mitarbeiter gefragt werden, welche Art von Weiterbildung sie sich wünschen und benötigen, um Neues zu lernen.

Natürlich kostet das auch immer Geld. Dass eine Gemeinde sich nicht unbedingt die teuren Kurse leisten kann, die in der Wirtschaft angeboten werden, versteht sich fast von selbst. Es gibt aber eben auch ein reichhaltiges und qualitativ nicht schlechteres Angebot in vielen kirchlichen Bildungseinrichtungen, Jugendwerken und auch durch Einzelpersonen, die hochwertige Schulungen zu günstigen Preisen anbieten. Dass die dann noch entstehenden Kosten von den betreffenden Mitarbeitern nicht alleine getragen werden dürfen, versteht sich fast von selbst. Wobei die Bereitschaft zu umfangreichem Einsatz ehrenamtlicher Mitarbeiterinnen und Mitarbeiter in der Gemeinde auch noch die Bereitschaft zu hohem finanziellen Einsatz einschließt.

Trotzdem sollte sich gerade an dieser Stelle eine Gemeinde nicht knauserig zeigen. Eine Schulung, die ermöglicht und finanziert wird, ist für viele Mitarbeiter auch ein Zeichen der Anerkennung für den bisherigen Einsatz. Auch wenn die Gemeinde anders rechnet als die Wirtschaft, gilt hier – wenn auch auf einer anderen Ebene – fast das Gleiche. Das hier Investierte macht sich sehr schnell wieder bezahlt.

Ein Weiterbildungsprogramm, individuell auf alle Mitarbeiterinnen und Mitarbeiter zugeschnitten, ist in vielen Kirchengemeinden eher die Ausnahme, aber trotzdem eine lohnende Einrichtung.

20. Wenn das Ziel erreicht ist

Immer wieder werden Ziele erreicht. Das gilt für ständig arbeitende Teams genauso wie für Projektteams. Es ist geschafft. Die Zielerreichung muss richtig festgestellt werden. Erreichte Ziele lassen sich durch Ergebnisse erkennen und an Resultaten messen. Aber alle Wege zu einem Gipfelziel führen nicht selten durch tiefe Täler. Deshalb ist es sehr wichtig, am Ende eines bestimmten Prozesses das auch entsprechend zu würdigen und zu feiern. Das **Feiern** sollte man auf keinen Fall vergessen, denn dass es geschafft ist, ist nicht selbstverständlich. Ebenso findet hier eine Würdigung aller statt, die am Teamprozess mitgearbeitet haben. »Wer feste arbeitet, soll auch F(f)este feiern!«, heißt das Motto.

Zur Zielerreichung gehört natürlich auch eine Auswertungsrunde. Eine Auswertungskonferenz ist immer wieder ein wichtiges Mittel zur Standortbestimmung und dient gleichzeitig dazu, neue Ziele zu bestimmen. Außerdem sind solche Auswertungsrunden nicht selten ein Anlass zur Dankbarkeit. Es geht darum weiterzumachen, dabei die möglichst richtigen Entscheidungen zu treffen und dann die richtigen Schritte zu gehen.

Auswertungen finden in einer eigens dazu einberufenen Sitzung statt und beginnen mit einem kurzen, positiven Einstieg. Kurz sollte gesagt werden, um was es geht, was das Thema ist. (»*Wir haben heute eine Auswertungsrunde/eine Informationsrunde o.ä.*«) Bei der Einleitung soll in erster Linie eine möglichst motivierende Atmosphäre geschaffen werden. Allzu lange Monologe am Anfang durch den Sitzungsleiter würden den weiteren Sitzungsverlauf nachhaltig behindern.

Dann wird noch einmal auf das Thema bzw. das Ziel der Runde eingegangen. (»*Wir wollen heute unseren letzten Familiengottesdienst auswerten. Ich möchte noch einmal kurz vorstellen, was unser Anliegen war und wie wir es dargestellt haben.*«) Alle sollen wissen, worum geht es. Dabei ist es natürlich auch hier unbedingt notwendig, die einzelnen Punkte zu visualisieren (Overhead-Projektor, Flipchart, Tafel usw.).

Es folgt dann, treu der schon bekannten Regel, zuerst die Positivrunde. (»*Was war gut? Was ist gut gelaufen? Welche Punkte haben wir als besonders gut in Erinnerung?*« usw.) Immer müssen zuerst die Erfolge bzw. positiven Ergebnisse erfragt werden. Würde man bei den Dingen anfangen, die nicht gut gelaufen sind, käme keine positive Runde mehr zustande. Man käme vom Hölzchen aufs Stöckchen und hätte am Ende, obwohl die auszuwertende Veranstaltung durchaus positiv war, nur ein trauriges und besonders negativ geprägtes Bild. Der Sitzungsleiter muss hier die »Zügel« gut in der Hand haben, damit sie nicht entgleitet. »*Ich hätte noch etwas zu sagen über das, was nicht gut war*«, sagt vielleicht ein Teilnehmer der Runde. Der Sitzungsleiter reagiert freundlich, aber bestimmt: »*Das dürfen Sie gleich sagen, jetzt aber noch nicht, denn wir sind noch bei der ersten Runde. Bitte merken Sie sich, was Sie sagen wollen. Wir hören es später auf jeden Fall.*«

Damit die positive Richtung beibehalten wird, sollte die nächste Frage nun eine Art Verlängerung sein. (»*Das Theaterstück wurde an diesem Abend von Ihnen als besonders gut bewertet. Was sollte beibehalten, was verbessert werden?*« u.ä.) Auf diese Weise wird die positive Richtung beibehalten und nicht verändert. So ist auch ein Gespräch über eventuelle Pannen möglich, ohne die guten Sachen im Nachhinein zu mindern.

Nun muss auch über Misserfolge gesprochen werden. (»*Was ist schief gelaufen? Was hat nicht geklappt?*« – »*Was ist anders geworden, als wir vorher gedacht hatten?*« usw.) Geschickt ist es, wenn der Sitzungsleiter den Menschen, der sich vorher schon bei der positiven Runde mit seiner Kritik gemeldet hat, nun direkt anspricht: »Sie wollten vorhin etwas sagen, wir möchten das jetzt gerne hören.« Die Misserfolge, Pleiten und Pannen müssen genannt werden. Sie sollten aber nicht bewertet und vor allen Dingen nicht im Blick auf einzelne Personen dargestellt werden.

Denn nun geht es darum, Konsequenzen für die Zukunft zu ziehen. (»*Was haben wir daraus gelernt?*« – »*Wie geht's weiter?*« – »*Was wollen wir beim nächsten Mal machen?*« – »*Was wollen wir unternehmen?*«) Es ist auch hier entscheidend wichtig, sich zum Positiven durchzufragen.

Nun sind alle in der Lage, Entscheidungen zu treffen und Ziele für die Zukunft zu finden. (»*Was nehmen wir uns für den nächsten Familiengottesdienst vor?*« – »*An welchen Stellen wollen wir neue Akzente setzen?*« usw.) Die Ziele sollten so formuliert werden, dass sie klar, messbar und erreichbar sind. Alle sollten sie verstehen und nachvollziehen können. Es wird ein Ergebnisprotokoll gemacht – wirklich nur ein Ergebnisprotokoll. Dieses Protokoll bekommen dann später alle Teilnehmer.

Am Ende der Sitzung steht ein positiver, motivierender Ausstieg. (»*Wir machen fröhlich weiter. Ich wünsche allen ...*«) Nach meinen Erfahrungen sitzt nach solchen Runden oft eine fröhliche Gruppe zusammen und kann trotz aller persönlichen Schwierigkeiten auch Gott loben und danken.

Literaturverzeichnis

Wolfgang Krüger: Teams führen,
STS Verlag, Planegg 2000

Anita und Klaus Bischof: Besprechungen,
STS Verlag, Planegg 1997

A. Edmüller und T. Wilhelm: Moderation,
STS Verlag, Planegg 1999

Alan Barker: 30 Minuten bis zur effektiven Besprechung,
GABAL Verlag, Offenbach/Main 1998

Reinhard K. Sprenger: 30 Minuten für mehr Motivation,
GABAL Verlag, Offenbach/Main 1999

B. Fittkau, H.-M. Müller-Wolf, F. Schulz von Thun:
Kommunizieren lernen (und umlernen),
Hahner Verlagsgesellschaft, Aachen-Hahn 1987

Willam I. Ury, Jeanne M. Brett, Stephen B. Goldberg:
Konfliktmanagement,
Wilhelm Heyne Verlag, München 1996

Hedwig Kellner: Die Teamlüge,
Eichborn Verlag, Frankfurt a. M. 1997

Hans Ulrich Kunz: Team-Aktionen,
Campus Verlag, Frankfurt a. M. 1996